中国大学生财经素养状况
蓝皮书

徐玖平　牛永革　李小平◎著

THE BLUE BOOK OF FINANCIAL LITERACY OF
CHINESE UNDERGRADUATES

经济管理出版社
ECONOMY & MANAGEMENT PUBLISHING HOUSE

图书在版编目（CIP）数据

中国大学生财经素养状况蓝皮书/徐玖平，牛永革，李小平著 . —北京：经济管理出版社，2021.5

ISBN 978 - 7 - 5096 - 8002 - 5

Ⅰ.①中… Ⅱ.①徐… ②牛… ③李… Ⅲ.①大学生—财政经济—素质中国教育—研究报告—中国 Ⅳ.①F812

中国版本图书馆 CIP 数据核字（2021）第 110413 号

组稿编辑：郭丽娟
责任编辑：魏晨红
责任印制：黄章平
责任校对：陈　颖

出版发行：经济管理出版社
　　　　　（北京市海淀区北蜂窝 8 号中雅大厦 A 座 11 层　100038）
网　　　址：www. E - mp. com. cn
电　　　话：（010）51915602
印　　　刷：唐山玺诚印务有限公司
经　　　销：新华书店
开　　　本：720mm × 1000mm/16
印　　　张：14.25
字　　　数：269 千字
版　　　次：2021 年 7 月第 1 版　　2021 年 7 月第 1 次印刷
书　　　号：ISBN 978 - 7 - 5096 - 8002 - 5
定　　　价：88.00 元

序

　　"敬教劝学，建国之大本；兴贤育才，为政之先务。"教育是民族振兴、社会进步的重要基石，对提高人民综合素质、促进人的全面发展、增强中华民族创新创造活力、实现中华民族伟大复兴具有决定性意义。在党的十九大报告中，习近平总书记明确指出："要全面贯彻党的教育方针，落实立德树人根本任务，发展素质教育，推进教育公平，培养德智体美全面发展的社会主义建设者和接班人。"

　　大学生是我国社会主义建设的后备力量，也是未来政治、经济、医疗、技术等领域的主力军。教育的变革创新和迅猛发展使多学科交叉融合、综合化的趋势日益增强。当今时代，任何高科学技术成果无一不是多学科交叉、融合的结晶。因此，如何培养出高质量的德智体美劳全面发展"复合型"创新型人才以满足形势发展的需要，已是摆在高等教育面前的十分突出的问题，这就引发了对高等教育的深层次的思考。而财经素养教育则是极其重要的一环，财经素养对个人和社会发展都有影响。大量的学术研究成果和实例显示：人们的储蓄、投资、借贷、消费等行为存在的差异，与个人财经素养密切相关。良好的财经素养反映了个体拥有丰富的财经知识和财经信息，使人们合理地规划长期财经行为和短期财经行为，能根据自己的实际情况和外部环境的变化做出理性的财经决策，它可以促进人们积累财富，提高生活质量和幸福感；财经意识欠缺的人参与理财与投资活动较少，在选择贷款或抵押时也可能做出次优决策，以致面临债务累积——破产、丧失抵押品赎回权之类的问题，也可能导致个体陷入投资骗局，甚至血本无归。良好的财经素养可促使人们在日常的社会交往和商务谈判中取得有利结果。另外，财经素养通过影响个人进而影响金融体系的健全和效率。过硬的财经素养才能对国家金融体系的管理运营提出合理化的建议，进而提升金融行业的服务质量和运行效率，减少国家经济活动的周期性剧烈波动。

　　当今，互联网金融已经渗透到我们生活的各个领域，网络借贷为人们的消费提供了更多的便利性。大学生的主要任务是完成学业，同时又受到各类诱惑。在消费主义和实用主义价值观盛行的今天，如何构建大学生正确的财经理念，使他们将来能够自信地工作，独立地生活，是我们应该认真思考的社会问题。

大量有关金融陷阱的新闻报道已经让我们认识到普及财经素养教育的迫切性和必要性。2007 年起，我们团队在四川大学商学院开展大学生财经素养课题研究，团队核心成员包括牛永革、李小平、应千伟、卢毅、胡知能等。我们重点从事大学生的财经素养状况调研、教科书编写、课程体系建设、师资培训、教学活动实施、财经素养培养、问题对策谏言、举办大学生财经素养大赛等工作。

在探索培养财经素养的积累过程中，我们以往是在四川大学的本科生总体中抽选一定数量的样本单位以提炼出对大学生财经素养状况的认识和判断。这一次和以往不同，四川省高校的大学生群体是受访对象。我们知道，四川有"985"、"211"、普通本科和职业教育院校，这样基本上涵盖了中国各个省份的生源，抽样范围的扩大可提高样本的代表性，使研究更接近真相。

随着课题组对财经素养研究活动的推进，我们对大学生财经素养状况的认识越来越全面、深入。我们决定以蓝皮书的形式从财经素养的意识、知识、技能、态度和行为五个方面描述我国大学生财经素养的全貌。这样，可以为全国教育同行在各自的院校中制定合理的财经素养教学模式提供数据支持，也可以为各类家庭如何正确引导孩子顺利完成大学学业提供重要的思想和方法。每一个大学生也可能在蓝皮书中找到自己的影子，重新认识自己，定位自己，开启美好生活。规划自己的行为，为未来开启美好生活做好积极的准备工作。

在撰写过程中，除上面提及的几位教师外，还得到了刘海月、张攀、鲁力、郑洪燕等老师，以及经济管理出版社郭丽娟编辑的倾力支持。在此一并表示感谢！

不为立言，不为立功。以期通过报告，表达作为高校教师为立德树人所怀的真切初心，并通过专业工作，在培养时代新人的道路上所尽的绵薄之力。

是为序。

徐玖平

2020 年 12 月 21 日

目　录

第一章　引言

什么是财经素养？当前被普遍认可的定义有两种：第一种是学者的定义，是指人们做出合理的金融决策并最终实现自己的金融福祉所需的意识、知识、技能、态度和行为的组合（Atkinson and Messy，2011）。第二种是官方组织的定义，2012 年，联合国经济合作与发展组织（Organization for Economic Cooperation and Development，OECD）发起的 PISA 测试中对此有一个界定，即关于财经概念和金融风险的知识与理解，以及运用这些知识和理解的技能、动机和信心，以便在广泛的财经活动中做出有效决策，参与各类经济生活，提高个人和社会的经济收益。

具体而言，财经素养包含以下内容：①确立清晰合理的人生目标。②理解自主生活能力包括哪些方面，掌握获得自主生活能力的方法和路径，由此构建独立生活的意识和技能。③财经知识的学习途径以及财经知识理解和掌握的正确性。④把未来的收入合理地分配到消费、储蓄和债务偿还三个活动中，建立财经预算并通过预算规划自己的财经行为。⑤权衡现在消费和未来消费两者之间的关系，把一部分收入保存下来，抑制当前的消费欲望，以备未来重要的活动所需，增加对未来风险的应对能力，或者把一部分储蓄转化为投资，以期提高对未来不确定性环境的掌控能力。⑥以偿还本金和支付利息的方式获得贷款，通过贷款的杠杆作用在现在时态下掌握更多的资源，捕捉对自己更重要的机会或者做对自己最重要的事情，以期在未来提升自身的价值和增加收入。⑦在现实中存在各种各样的金融产品，个体可以根据自己掌控金钱的数量和风险偏好选择合理的金融产品进行投资，以期获得保守性收益或者风险性收益。⑧在消费方面，马斯洛的需求层次理论在一定程度上可以将消费品划归为满足生理需求（吃、穿、住、性）的产品，如服装、住房等；满足安全需求（身体、情感）的产品，如保险、投资等；满足归属需求（爱、友谊、他人的接受）的产品，如参加社交活动、购买鲜花等；满足自尊需求（声望、地位、成就）的产品，如汽车、家具、信用卡等；满足自我实现需求的产品，如业余爱好、旅行、教育等。在一般情况下，个体须拿出既定的收入或者储蓄才能满足特定的消费目标。如果现存的储蓄不足以支付预期的消费目标，个体就要通过借款的方式来实现。其中，对普通人来讲，住房和汽车的价格远超过个体的年收入，就需要通过长期借款的方式提前获得商品的使用权，然后通过每个月持续的还款计划来支付商品的货款连带的本金和利息。对于主要收入来源于家庭、助学贷款和勤工俭学的大学生来讲，许多商品的价格都超出了其微弱的购买力，一些金融机构针对大学生开辟了信贷业务，大学生通过贷款提前获得期望产品的使用权，但是，也限制了其未来的消费能力，这就需要大学生进行合理的筹划，不至于使未来的生活陷入困境之中。综上所述，具体的财经素养体现在人生目标、独立生活能力、财经知识、预算、储蓄、信贷、投资、消费八个方面的理解、态度和决策。

国内有些机构近几年对国民的财经素养做过一些调查，但没有针对大学生这个特定的群体进行过全方位的深入研究，以至于我们对大学生财经素养的理解是比较偏颇的。本书旨在从大学生的财经素养意识、知识、技能、态度和行为五个方面构建变量，通过描述性统计方法报告大学生的财经素养现状。另外，分析个体人文统计变量和家庭人文统计变量对大学生的财经素养意识、知识、技能、态度和行为五个方面变量的影响。

本书突出的理论意义体现在重点从"是什么"的角度定量描述中国大学生财经素养的意识、知识、技能、态度和行为，以及这五个方面关联的变量在每一个个体人文统计变量不同水平间的异同性以及在每一个家庭人文统计变量不同水平间的异同性，进而从总体上描述中国大学生财经素养的现状和关键特征，在此基础上形成的重要结论。本书建立的结论，有些是可以直接解释的；有些还需要进一步研究才能得到解释。由于蓝皮书的性质是报告"是什么"，至于"为什么"则不是蓝皮书涵盖的范畴。不过，本书呈现的"是什么"将为发现新的科学命题和探索其中的解释机理提供有价值的线索和方向。

本书有以下三个方面的现实意义：①蓝皮书呈现的数据，可全景式地刻画中国大学生财经素养现状和关键特征；②教育机构可根据本书描述的财经素养现状和关键特征，设置教学目标、课程计划、教学内容和教学方法，有目的、有计划地在大学生群体中开展财经素养教育活动和知识技能竞赛，并根据中国国情，建立有效可行的财经素养教育模式；③中国家庭中的父母可根据自己的家庭背景和蓝皮书关联的数据，有针对性、有策略地引导自己的孩子提升财经素养。

第二章　文献研究和研究框架

综观国内外学者对学生财经素养的研究成果，也就是研究对象不局限于大学生，而是涵盖从幼儿园到博士研究生所有层次的学生的研究成果，我们发现，外国学者已经形成了比较系统性和基础性的研究成果。然而，我国学者在此领域的研究却极为有限，基本上局限于对国际学生评估项目（Program for International Student Assessment，PISA）测试内容的应用。OECD 三年一次的 PISA 考试从 2012 年起加入财经素养的测试。PISA 是一项由 OECD 统筹的学生能力国际评估计划，主要对接近完成基础教育的 15 岁的学生进行评估，测试学生是否掌握了参与社会所需要的知识与技能。本项目旨在通过对国外学者发表的英文文章进行梳理，总结学生财经素养形成的影响因素和理论解释机理。然后在此基础上，根据本项目设定的研究目的，聚焦于大学生这个特定的群体，构建本项目的研究框架。

第一节　财经素养包含的维度和关联的测量

不同的学者和机构对财经素养这个构念（Construct）的解释和测量，存在一定的差异性。早期研究者主要通过询问金融知识问题来衡量财经素养（Hilgert et al.，2003；Lusardi and Mitchell，2000，2008；Mandell，2004；Volpe et al.，1996）。如询问利率、通货膨胀、风险分散、储蓄和借款、保险和投资等概念的含义，或者要求受访对象计算上述概念关联的数据。PISA（2012）关于财经素养的测评框架包括内容（Content）、过程（Process）和情境（Contexts）三个维度。内容维度包含了财经知识以及对财经知识的理解程度，主要包括货币与贸易、规划与理财、风险与回报、金融视野与金融世界四个方面（Lusardi，2007；OECD，2013）。过程维度描述的是学生在处理材料或面对任务时所采用的心理策略或方法。PISA（2012）借鉴了布鲁姆的分类法，将过程维度分为识别财经信息、分析财经背景中的信息、评估财经问题、应用财经知识和理解力四个部分（Anderson，2001；OECD，2013）。情境维度指的是应用财经领域知识、技能和理解时的情境，涉及的范围从个人到全球。在 PISA（2012）的财经素养测评中设置了四种情境：教育与工作情境、居家与家庭情境、个人情境以及社会情境（OECD，2013）。而 OECD 在一项试点研究中制定了一项基于三个维度的财经素养衡量标准：知识、态度和行为（Atkinson et al.，2012）。12 个国家参加了经合组织/国际金融教育网络（INFE）试点研究，这项试点研究旨在衡量参与国的金融知识水平，因此其结果在国际上具有可比性。

第二节　学生财经素养的影响因素

一般而言，不同学生的财经素养，在依据一定的社会经济和人口特征划分群体后，具有明显的群体差异，那么，哪些因素会形成学生不同的财经素养水平？长期以来，这个问题备受学者的关注。关于财经素养差距的研究文献可以分为两类：①主要聚焦于外部因素对财经素养的影响；②关注财经素养定义、方法本身所导致的差异。前一类研究起步较早，且研究成果较为丰富。因此，我们先介绍有关外部影响因素的研究结果，然后再梳理财经素养定义与方法本身影响的研究文献。

一、学生财经素养的外部影响因素

综观相关文献，我们发现了十种外部影响因素，分别是消费者性别、年龄、种族、家庭金融环境、数学素养、学校财经教育状况、认知能力、学生的理财经验和习惯、国别、受教育程度。

（一）性别

有关性别与学生财经素养的研究并未得出一致的结论。一是男性学生的财经素养高于女性学生；二是性别对财经素养的影响会随着时间推移而发生变化。Mandell（2008）的调查清楚地表明，在金融知识上，女孩表现优于男孩，且这种结果与测试的复杂程度无关。

（二）年龄

随着年轻人的成熟，他们会越来越多地参与到金融和消费领域，从而形成更高的财经素养，所以年龄将对财经素养产生越来越大的影响，并且这种效用应该是非线性的。因为使用不同的方法来测试学生的财经素养，所以，关于年龄对财经素养的研究得出了一些相悖的结论。在整合年龄对财经素养的影响研究后，我们得出以下结论：首先，在所有年龄段中，人在幼年时期的财经知识水平最低。其次，年龄对财经素养的影响在大学阶段与在中学阶段呈现不相关的情形，但同时也有学者得出二者在高中阶段呈现显著相关性，且这种效应是非线性的，随年龄的增长而下降（Lusardi and Mitchell，2014）。

（三）种族

把种族作为学生财经素养的研究较少。Al‐Bahrani 等（2018）研究发现，种族与财经素养之间有显著的相关性。

（四）家庭金融环境

学生的财经素养水平，尚未受到个人在制定重要财经决策或可能担任家庭专业化职位方面的经验的影响，很大程度是家庭金融环境影响的产物。根据家庭社会化理论，家庭社会化是金融社会化的重要部分，而家庭金融环境涵盖了家庭收入、家庭内部财经知识传递与交流、父母特征等多方面。财经素养水平与家庭收入呈正相关（Lusardi et al.，2010；Mandell，2008）。在父母特征方面，大学生财经素养调查（CSFLS）发现，父母的财经行为对学生的财经素养有积极影响，同时，父母较高的财经教育水平也被证实与学生较高的财经素养相关。

（五）数学素养

学生的数学素养与其财经素养关系密切。这是因为，无论是简单的交易金额计算还是复杂的风险评估，绝大多数财经方面的问题解决必须用到数学知识和技能，甚至有学者将财经素养视为学生数学素养在财经领域的表现（Worthington，2006）。Al‐Bahrani 等（2018）研究发现实际和感知的数学能力都是学生财经素养的决定因素，数学能力高于平均水平的学生在财经素养评估中的得分更高。而数学素养的差别也在一定程度上被证实是基于性别的财经素养的原因，对此的合理解释是：对数字应用以及对参加以数学为中心的课程的信心这两个变量都因性别而有所不同。现有的研究表明金融知识和数学能力之间存在联系（Agarwal et al.，2013；Lusardi et al.，2014），性别影响个体的数学能力（Friedman，1989；Al‐Bahrani et al.，2018），也影响个体对数学的信心（Meeliseen et al.，2008；Cheema et al.，2013）。

（六）学校财经教育状况

如前所述，尽管财经素养在很大程度上受到学生家庭金融环境和数学素养的影响，但要解决财经问题，仅有数学和阅读素养是不够的，学生还需要具备对财经概念、关系和情境的理解。然而，系统性财经知识框架的搭建主要来源于学校财经教育，因此，有必要了解学校财经教育对学生财经素养的作用。首先，学者关于高中生接受专门的财经教育与财经素养的关系得出了显著相关与不相关的结论。进一步，学者讨论了财经教育标准性与正确性对财经素养的影响。标准的财经教育对财经素养具有正向作用，即接受标准的财经教育后，学生将拥有更高的财经素养水平，但反证表明，接触金融教育设计不当的学生比没有接受金融教育的学生具有更高的经济素养（Tennyson et al.，2001）。同时，学生的财经素养水平还受学校开设财经教育的方式的影响。Kuntze 等（2019）通过实验发现，创新在线视频教学模块能显著提高商科学生的财经素养，但很难确定哪些知识模块、教材或教学方法对发展财经素养贡献最大。

（七）认知能力

认知能力是指处理信息以取得最终结果的能力。Lusardi 等（2017）在研究中将财经素养定义为一项人力资本投资，即获得额外的财经素养会花费时间和金钱。因此，认知能力与获取财经素养的成本相关联。在关于认知能力对学生财经素养的研究中，得出了截然不同的答案。一方面，部分学者基于调查结果发现认知能力与财经素养之间无显著关系；另一方面，一些学者在控制影响财经素养的其他因素后，发现认知能力对财经素养有积极影响。

（八）学生的理财经验和习惯

学生解决财经方面的问题，不仅需要认知方面的能力和基础的财经知识，而且他们解决财经问题的习惯，包括对财经问题的态度、解决问题的动机以及信心都会产生作用，所以增加年轻人获得金融服务、积累理财经验的机会至关重要。Christelis（2015）和 Mandell（2008）发现，更容易受到个人财经问题影响的学生似乎具有更好的财经素养，如开设自己的银行账户、使用信用卡或借记卡。但是，金融包容性和财经素养之间的因果关系可能难以证明。具有金融知识的年轻人会从事更多的金融活动，如金融服务，会从他们的金融经验中学到东西，从而在金融方面变得更具素养。一方面，掌握金融知识和技能可以提高学生对金融产品的好奇心（Otto，2013；Sherraden et al.，2011）；另一方面，银行账户可让学生熟悉金融主题（Christelis et al.，2015），同时鼓励在成年后具有长期收益的储蓄习惯（Friedline et al.，2011）。还有学者研究了学生获取财经知识的途径对其财经素养的影响，Ergün 和 Kutlu（2018）研究发现，从社交媒体获得财经信息的学生的财经素养低于从大学教育获得财经信息的学生。

（九）国别

受不同的国家文化、教育系统、课程设置，特别是受数学和科学教育的质量影响，各国学生的财经素养呈现了明显的差别。Borodich 等（2010）比较了美国、白俄罗斯和日本学生的财经知识，发现日本学生的学习成绩高于其他国家的学生，而美国学生在应用水平上得分更高。Moreno - Herrero（2011）在 PISA（2015）的结果分析中，通过对平均分的观察，发现中国学生的金融知识得分最高（566 分），比经合组织的平均水平高 77 分。比利时（佛兰芒社区）、加拿大、俄罗斯、荷兰和澳大利亚五个国家/地区的学生得分也高于 OECD 的平均水平。与其他国家/地区的学生相比，美国和波兰 15 岁的学生的总体表现接近平均水平，但该分数低于意大利、西班牙、立陶宛、斯洛伐克、智利、秘鲁和巴西的平均水平，这种差距可能主要来源于数学和科学教育的质量。Jang（2015）通过比较美国、韩国两国学生的财经素养水平发现，韩国学生的平均分数介于开设 FFFL 课程（个人理财和经济学课程）与未开设的美国学生之间，但与那些有 FFFL 课程的美国学生更接近，并且韩国学生在"收入"等内容上往往更强。

（十）受教育程度

关于受教育程度对财经素养影响的研究结论是，硕士生具有最高的财经素养。Chen（1988）和 Douissa（2019）的研究发现，硕士生的财经素养显著高于本科生与博士生，并进一步证实了本科生比博士生的财经素养丰富。

二、财经素养定义与测量方法的影响

模糊的财经素养定义和聚焦于不同点的概念引发了对学生财经素养评估的差异。在对现有七十项研究的回顾中，Huston（2010）发现了关于财经素养的现有定义的两个重要事实：第一，大多数研究没有包括定义，并交替使用财经知识和财经素养。第二，大多数先有定义的研究都依赖于能力或知识，但也有定义同时使用能力与知识。因此，不同研究所使用的概念的差别与强调点不同是造成研究结果出现冲突的重要原因之一。

财经素养测量方法的差异必将引发对学生财经素养评估的差异。我们梳理了先前的财经素养研究文献发现，由财经素养测试方法引起的结论冲突归因于三个因素：①学者合并了两种研究。第一种类型包括金融教育干预效果的实验和准实验研究。在这些研究中，受试者被暴露于一系列结构化的赌注中，他们在其中做出具有经济后果的真实选择。第二种类型包括相关性和计量经济学，即通过财经知识测试中正确答案的百分比来衡量财经素养并预测结果变量即金融行为的研究。Fernandes（2014）称这两种类型的研究为"操纵财经素养"和"测量财经素养"，两种方法各有千秋。从概率的角度考虑，多项选择题项迫使受试者将 100% 正确的概率分配给答案，将 0% 的概率分配给其余答案。鉴于被试很少能 100% 确定答案是正确的，因此多项选择题项可能会高估或低估受试者的知识。相比之下，结构化的下注使受试者可以从 0% 到 100% 分配一个答案，而在答案中分配的概率最高可达 100%，这使研究人员可以知道被试的知识有多精确。②在调查中，仅向被试提出假设问题以供选择。实验提供了适当的动机，以使被试付出适当的努力来解决分配的任务。这些结构性赌注遵循文献中关于实验的标准，以诱发被试的信念。为了提供适当的激励，实验设计者使用评分规则，该规则是被试的报酬和损失的函数。③Schmeiser 和 Seligman（2013）发现被试没有始终如一地回答财经素养的问题。鉴于财经素养测试的方法引发的结论冲突，Marcolin 和 Abraham（2019）强调需要找到衡量金融知识水平的标准。因此，研究人员需要对财经素养进行适当的定义和衡量。

第三节　财经素养的作用

财经素养的影响是多方面的。事实上，人们在储蓄、投资、借贷、消费等行为方面存在的差异，与个人财经素养相关。良好的财经素养可以促进人们财富积累，提高个体生活质量和幸福感；反之则会导致个体陷入投资骗局，甚至血本无归。同时，个人作为金融市场与金融活动的重要部分，个体行为在一定程度上与整个金融体系的发展相关联。因此，在对过去的诸多研究进行梳理总结后，下面从财经行为、日常行为、财务幸福感以及金融体系的发展四个方面来阐述财经素养的作用。

一、财经行为

财经素养最基本的作用体现在对个人财经行为的影响上。个人需要财经知识和财经信息来制定财经决策，从而形成财经行为，而较高的财经素养通常反映了个体拥有较丰富的财经知识和财经信息。财经行为可划分为长期财经行为和短期财经行为。长期财经行为主要被界定为退休计划、退休储蓄和长期投资；短期财经行为则被界定为个体拥有一个紧急基金，而不是一个透支账户。研究表明，具有较高财经素养的家庭在财务和退休计划方面做得更好（Lusardi and Mitchell，2005，2007）。此外，他们在使用信用卡和处理债务方面也表现良好（Disney and Gathergood，2013；Mottola，2013）。还有证据表明，财经素养与从事理想财务实践的可能性之间存在很强的关系：按时支付账单、跟踪费用、预算、每月全额支付信用卡账单、节省每笔薪水、维持应急基金、分散投资和设定财务目标（Hilgert et al.，2003）。另外，较低的财经素养会导致不良的财经决策。财经素养较低的个人参与股票市场的可能性较小（Kimball and Shumway，2006；Van Rooij et al.，2011；Yoong，2011），因此可能会放弃可观的股本收益。金融知识水平较低的家庭在选择贷款或抵押时也可能做出次优决策，并面临债务累积、破产和丧失抵押品赎回权等问题（Lusardi and Tufano，2008；Gerardi et al.，2010；Utkus and Young，2011；Moore，2003）。

特别地，在长期财经行为中，人们不得不面临的一项重大财经决策就是退休计划。因为退休计划关系到个人一生的财务福祉，所以这方面的研究成果较为丰硕。通过对荷兰、美国、德国、加拿大等发达国家的研究表明，财经素养是对退休计划产生积极影响的关键因素（Boisclar，2017）。

二、日常行为

财经素养的影响不限于财务计划决策，也与人们日常行为息息相关。Krische（2019）研究发现，财经素养会改变人们通过金融披露信息对投资项目的判断和解释。Krische（2020）证实了财经素养在发起和取得谈判的有利结果方面的积极作用。

三、财经幸福感

财经幸福感（Financial Well-Being），即能够维持当前和预期的生活水平和财务自由。现有研究一般通过量化财富积累、债务水平、主观财务满意度和退休计划来度量财经幸福感。财经素养已被证明为财经幸福感的重要影响因素。Ali 等（2015）的研究表明，财经素养是财务满意度的一个重要决定因素，因为它有助于个人规划自己的消费和储蓄。另外，若以投资回报为衡量标准，发现财经素养较高的家庭拥有更高的财经幸福感。Xiao（2013）再次证明，高的财经素养水平可带来更高的财经幸福感。

四、金融体系的发展

Widdowson 和 Hailwood（2007）研究发现，财经素养通过对个人的影响进而对金融体系的健全和效率产生相当大的影响。首先，拥有更高财经素养的消费者可能会有更好的智慧做出投资和产品决策，反过来可能会激励金融机构提供更多的创新产品和服务。懂金融的消费者也会对风险回报有更深刻的认识和合理的权衡，他们可能会大胆地提出问题，仔细检查金融产品和与他们做生意的机构，进而对金融体系的管理和运营提出自己的合理化建议。为响应消费者需求，处于彼此竞争状态的金融服务机构必然会提高服务标准，强化风险管理措施，由此，可以提升整个金融系统的服务质量和行业运行效率，减少整个国家的经济活动周期的剧烈波动性。

第四节　财经素养教育

由于各国对财经素养教育的认识和实践存在差异，因此呈现出成熟度不同、各具特色的财经素养教育模式与政策。美国作为经济发达国家，较早认识到大学生财经素养教育的重要性和必要性，于是将财经素养教育融入教学和管理活动当中，开展了一系列与财经素养相关的实践项目，形成了较为成功的财经素养教育模式。

美国高等院校的财经素养教育经历了三个发展阶段：①四种模式教育体制，包括财经教育/咨询中心模式（Financial Education/Counseling Centers）、朋辈辅导模式（Peer to Peer Programs）、由财经专业人员开设的课程模式和网络学习模式（Distance Learning Programs）（Cude，2006）。②改进的四种模式教育体制，包括学术课程模式（Academic Model）、资金管理中心模式（Full-fledged Money Management Center Model）、种子模式或启发模式（Seed Program or Aspirational Model）和树形分枝散布模式（Branch or Interspersed Model）（丹斯，2016）。③七种模式教育体制，包括交互式网络课程模式（Interactive On-line Programs）、课堂本位模式（Classroom – Based Programs）、项目本位模式（Event – Based Programs）、个体咨询模式（Individual Counseling）、游戏本位教育模式（Game – Based Education）、财经素养教育月专项活动、送财经报告卡（Financial Report Cards）。由于美国高等院校的产权性质、演进历程和办学目标不尽相同，各个高校并不完全遵从上述发展规律升级财经素养教育模式。也就是说，目前美国高校的财经素养教育采取了三个阶段不同模式并行的教育体制。

第五节 学生财经素养的形成理论

有关学生财经素养外部影响因素的研究，主要从表象上描述了基于不同社会经济特征和人文统计特征，学生所具有的财经素养水平的差异，难以解释这些现象背后的基本原理，因此，就有必要分析导致个体学生产生财经素养差异的原因。目前，有五种理论解释了个体学生财经素养形成的内在机理。

一、家庭资源管理理论

一般而言，许多社会化活动以及财经社会化活动都发生在家庭的背景下（Dance，1994）。父母用自己的价值观、信仰和知识教育孩子，在潜移默化中培养了孩子的财经知识和财经行为（Bandura，1986；Clarke，2015）。Deacon和Firebaugh（1981）将家庭资源管理理论定义为利用资源实现目标的系统过程。根据家庭资源管理理论，财经行为由需求和可用资源（知识、态度和个人特征）决定。模型的四个阶段（输入、过程、输出和反馈）解释了人们如何做出财经决定并形成财经行为，如图2-1所示。Bryce（2010）通过检验输入和生产部分验证了父母对年轻人财经素养的积极影响。

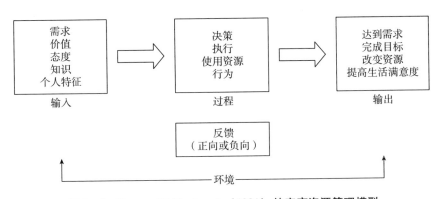

图 2-1 **Deacon 和 Firebaugh（1981）**的家庭资源管理模型

二、家庭社会化理论

大多数学者都认为金融社会化是一个广泛的概念，超越了在社会技能方面狭义定义的能力（Lunt，1996）。Alhabeeb（2002）提出，消费者社会化和金融社会化是经济社会化的组成部分。而家庭作为人们知识、行为准则的重要来源，相较于其他社会关系具有独特的作用。Moschis（1987）发现，金融社会化是通过积极的讲述、交流以及无意识的观察和模仿在家庭环境中发生的。现有研究主要聚焦于亲子关系。Grusec 和 Davidov（2007）认为，父母是社会化主要来源，这些联系进一步为社会关系理论奠定了基础，该理论强调亲子互动的社会化和动态应该被理解为发生在亲密的个人关系中（Kuczynski and Parkin，2007）。在使用行为建模与大量经验证据后，家庭社会化得以被证实。学者在过去的研究中，也得出了诸多家庭社会化在财经素养形成中的作用的重要结论。例如，Mugenda（1990）研究了家庭特征如何影响关于财务的沟通模式，从而改善财经行为。Beutler 和 Dickson（2008）对家庭成员如何影响中间结果提供了全面的看法，如金钱态度的发展（例如唯物主义、财务谨慎）与财经行为和财经幸福感有关。Clinton（2011）的模型解释了家庭社会化理论与财经素养的形成机理，如图 2 - 2 所示。

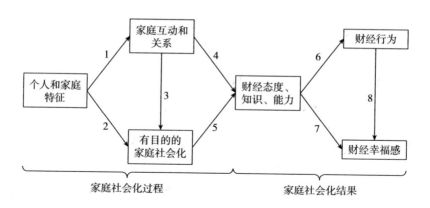

图 2 - 2 Clinton（2011）的家庭社会化的作用机理

三、社会学习理论

社会学习理论认为，作为社会中的一员，人们可以通过观察他人的行为学到对自己有价值的知识（Bandura and Walters，1977）。一些研究使用社会学习理论解释个体的财经行为（Hira，1997；Martin and Bush，2010）。社会学习理论认为，儿童从父母、学校、大众传媒和同龄人那里学习到了在社会中有能力生活所需的与消费有关的知识和技能（Ward，1974；Moschis and Churchill，1978）。实证研究表明，财经知识和行为与社会学习机会之间存在显著的相关关系（Gutter et al.，2010）。社会学习理论强调，人们从社会中学习金融技能，与被试生活在一起的人的知识和人文统计特征变量显著影响被试的财经素养。Lachance（2004）发现，观察他人和在他人的错误中学习有助于学生获得金融知识。Koonce（2008）研究表明，社会、家庭、同龄人和媒体有助于提高人们的金融知识水平。Haliassos（2016）提供了通过社会互动转移金融知识的证据。他们发现邻居的财经知识对一个家庭的财经行为有重要的中介作用。

四、行为经济学理论

基于心理学和传统经济学的行为，经济学理论强调行为模式影响金融决策（Kahneman and Tversky，1979）。Gill 和 Prows（2015）研究发现，认知能力越强、越讨人喜欢、情绪越稳定的人表现得越好，学习得越快，这对于理解理性的人在现实世界环境中是如何有限地运作很重要，而现实世界环境中包含了一些战略互动元素。几项研究调查了心理学在财经知识获取方面的作用，并表明信心、信任、财务满意度、未来目标、对未来生活的焦虑等因素均显著影响财经知识的获取（Murphy，2013；Arellano，2014；Kadoya，2016，2018）。

五、调节定向理论

调节定向理论（Regulatory Focus Theory）的一个重要原则是，确认哪些事情对个人来讲是有价值的，以及个人如何把这些事情做好，也就是说，个体为实现特定的目标会努力改变或控制自己的思想和反应（Florack et al.，2013）。调节定向理论区分了两种不同的自我调节方式：促进定向（Promotion Focus）和预防调节（Prevention Focus）。两种自我调节方式既受到父母教养方式的影响，表现为一种长期的人格特质；也受到情境因素引发而呈现出暂时性。促进定向将期望的目标状态表征为抱负和完成，在目标追求过程中更关注有没有积极结果，更多地体验到与喜悦—沮丧相关的情绪；而预防定向将期望的目标状态表征为责任和安全，在目标追求过程中更关注有没有消极结果，更多地体验到与放松—愤怒相关的情绪。例如，对于改善人际关系这一目标，促进定向的个体会将其表征为加强社交联系和避免失去社交机会，而预防定向的个体会将其表征为消除不利于社交联系的隐患和避免社会排斥。

以预防为重点的目标是通过以回避为导向的战略来追求目标的，而以促进为重点的目标是通过以促进为导向的战略来实现目标的（Pham and Higgins，2005）。回避导向意味着调节自己的行为，以避免负面和不期望的结果，而促进导向则调节自己的行为，以实现积极和期望的结果（Aaker and Lee，2001）。

因此，预防的重点是对自强不息的自我调节，如履行责任和确保安全，而促进重点则是对强大的理想，如进步、成长和成就的自我调节（Higgins，1997）。

调节定向会影响个体关注的信息以及他们考虑的选择（Florack et al.，2013）。在此基础上，调节定向理论将情境框架描述为个人面对获利/非获利或损失/无损的环境时，对自我调节策略的选择，而不同的框架会导致不同的调节定向策略。该理论认为，个体在面对产生收益/非收益的环境时，将会选择以促进为重点的自我调节。因为个人渴望抓住机会来最大化自己的成果，同时避免错过进一步发展的机会（Florack et al.，2013）。在预防导向下，履行责任和义务为最低目标（Crowe and Higgins，1997）。预防导向的个人重视避免消极结果，倾向于省略替代战略，这导致了重复的行为模式（Crowe and Higgins，1997）。因此，预防导向会导致个人更窄的注意范围（Baas et al.，2008），这会使个人减少对信息的搜集，在财务决策上表现为财务问题的相关信息，因此会减少财经知识的积累与运用。促进导向则关注实现的可能和成就感（Higgins，1997），将可能性和成就感作为最大的目标，会促使个体确保信息收集率，并尽量减少遗漏的可能，以免错过机会（Crowe and Higgins，1997）。因此，促进导向会使个人拥有更广泛的注意范围（Förster and Higgins，2005），并驱使人们搜索财经信息，以此来产生更多的财务备选方案，从而不会忽视任何选项，也不会失去任何财务机会（Pham and Higgins，2005）。

第六节　研究框架

根据 Atkinson 和 Messy（2011）对财经素养的界定，本书确定财经素养包含财经意识、财经知识、财经技能、财经态度和财经行为五个方面的内容。财经意识包含延迟满足、克制力、冲动性三个变量；财经知识包含财经知识学习、客观财经知识、主观财经知识三个变量；财经技能包含入不敷出时的决策、参与自己家庭的金钱决策、预算、认知需求、金融信息搜索的信心、长期金钱计划、广义的自我效能七个变量；财经态度包含财经态度、财经满意度、金钱态度、投资风险、债的积极态度、债务的消极态度六个变量；财经行为包含金融产品的使用状况、财经行为合理性、财经限制性、个人负债、吝啬挥霍特性五个变量。

汇总文献研究，我们可以判断，财经意识影响财经知识；财经知识影响财经技能；财经技能影响财经态度；财经态度影响财经行为；财经意识、财经知识和财经态度三个变量各自显著直接影响财经态度；财经意识、财经知识和财经态度三个变量又各自显著直接影响财经行为。

同时，根据家庭资源管理理论、家庭社会化理论、社会学习理论、行为经济学理论、调节定向理论五个理论，我们可以推断，个体人文统计特征变量和家庭人文统计特征变量将显著影响大学生的财经意识、财经知识、财经技能、财经态度和财经行为。

根据蓝皮书的性质和目的，本课题组重点报告大学生的财经意识、财经知识、财经技能、财经态度和财经行为关联变量的描述性统计结果，以及检验个体人文统计特征变量和家庭人文统计特征变量对大学生的财经意识、财经知识、财经技能、财经态度和财经行为五个方面关联变量的效应。关于财经意识、财经知识、财经技能、财经态度和财经行为五个方面关联变量之间的关系检验，本书重点使用 Bivariate Correlations 分析技术评估上述五个方面关联的连续变量之间的相关关系。关于上述五个方面关联变量的理论关系，以及通过理论演进和推导建立假设，并通过数据检验这些假设是否成立，不是本蓝皮书报告的范畴，它是未来的研究方向。围绕研究目的和关联的文献回顾，我们构建了本蓝皮书的研究框架，如图 2 - 3 所示。

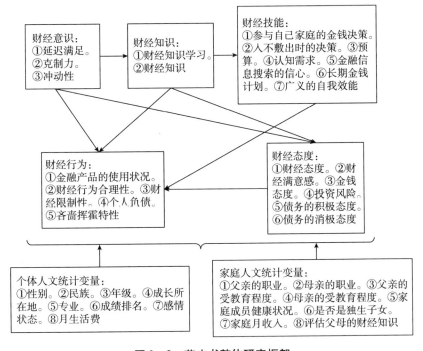

图 2 - 3　蓝皮书整体研究框架

第三章 研究方法

第一节 抽样方法

本书借助 2020 年度四川省"中汇杯"大学生财经素养大赛的初赛通道获取受访对象。大赛的主办单位是四川省教育厅，本年度的承办单位是四川大学，初赛形式为线上答题。组委会根据各高校团队报名人数及各团队答题情况，选拔不超过各院校报名队伍的 20% 进入复赛。各校报名学生在完成一份财经素养初赛测试题目后，须加试本项目设计的问卷调查。具体的问卷见附录 1。承办方告知报名学生问卷调查是初赛的考核内容之一，报名学生必须认真如实填写，方可具备进入复赛的选拔资格。报名者在参加初赛的时候，课题组对问卷的填写质量做出了详细的要求，具体规定如下：第一，必须在无干扰的环境下独立填写问卷，不得询问他人；第二，答项必须如实地反映本人对测量的真实理解，而不是虚假的理解；第三，整个问卷的填写时长不低于 240 秒。同时，对受访者做出了如下承诺：第一，保护受访者提供的个人信息，绝不泄露给第三方；第二，获得的数据仅用于学术研究，不用于商业领域。另外，对受访者在填写过程中遇到的疑惑，课题组进行了及时和恰当的解释，确保受访者不会对某个测量或者答项产生疑问。

参赛对象为四川各高校全日制专科生、本科生、研究生（不含在职）。2020 年 11 月 1~5 日，共有 2280 名学生填写了本项目的问卷，共收回 2280 份问卷。删除填写时长少于 240 秒的问卷 81 份，删除问卷星评分在 100 分以下的问卷 5 份，删除硕士研究生和博士研究生填写的问卷 12 份以及信息不全的问卷 1 份，共计保留有效问卷 2181 份。也就是说，这 2181 份有效问卷的受访对象均为在校大学生，不包含硕士研究生和博士研究生。

第二节　样本概况

根据有效问卷对应的受访者个人的人文统计特征和受访者家庭的人文统计特征，汇总整理的样本概况如表 3 - 1 和表 3 - 2 所示。

表 3 - 1　样本概况：受访者个人的人文统计特征

统计特征		人数	百分比（%）	统计特征		人数	百分比（%）
性别	男	533	24.4	民族	汉族	2034	93.3
	女	1648	75.6		少数民族	147	6.7
出生所在地	农村	987	45.3	恋爱状况	单身	1569	71.9
	城市	1194	54.7		恋爱	575	26.4
籍贯	安徽	42	1.9		其他	37	1.7
	北京	7	0.3	年级	大一	182	8.3
	福建	27	1.2		大二	1008	46.2
	甘肃	38	1.7		大三	956	43.8
	广东	15	0.7		大四	35	1.6
	广西	28	1.3	专业	哲学	7	0.3
	贵州	47	2.2		经济学	475	21.8
	海南	8	0.4		法学	85	3.9
	河北	68	3.1		教育学	45	2.1
	河南	73	3.3		文学	234	10.7
	黑龙江	16	0.7		历史学	11	0.5
	湖北	29	1.3		理学	176	8.1
	湖南	44	2.0		工学	417	19.1
	吉林	11	0.5		农学	11	0.5
	江苏	48	2.2		医学	57	2.6
	江西	36	1.7		管理学	634	29.1
	辽宁	22	1.0		艺术类	29	1.3

统计特征		人数	百分比（%）	统计特征		人数	百分比（%）
籍贯	内蒙古	12	0.6	最近一次专业成绩排名	前10%	747	34.3
	宁夏	8	0.4		11%～20%	637	29.2
	青海	7	0.3		21%～50%	606	27.8
	山东	46	2.1		51%～100%	191	8.8
	山西	34	1.6	每月生活费用（包括可支配的零用钱）	≤800元	192	8.8
	陕西	27	1.2		800元＜x≤2000元	1672	76.7
	上海	3	0.1		2000元以上	246	11.3
	四川	1282	58.8		不清楚，没算过	71	3.3
	天津	6	0.3				
	新疆	22	1.0				
	云南	27	1.2				
	浙江	45	2.1				
	重庆	103	4.7				
年龄	最小值：17岁；最大值：29岁；均值：19.68；标准差：0.995						

从表3-1中的个人人文统计特征变量所表现的频率可以看出，总体的样本特征受到了大学生积极响应本次财经素养大赛的影响。例如，性别方面，女生的比例达到75.6%，显著高于高校中正常的男女比例；年级方面，大二和大三学生参与调查的受访者居多；专业方面，哲学、历史学、农学和艺术类四个专业关联的受访者的数量均小于大样本的数量；关于各个高校的受访者数量，四川大学的学生占到了32.8%；籍贯方面，四川省的生源占到了58.8%。但是，民族、出生所在地、恋爱状况、每月生活费用四个变量不同水平所表现的比例基本上反映了大学生群体的总体特征。另外，性别和年级两个变量各个水平所占的比例虽然和总体分布不一致，但是各个水平呈现的频数均大于大样本的数量，所以，通过竞赛获得样本对象可以实现本项目所设定的研究目标。

本项目在调查问卷中设计了籍贯、年龄和就读大学三个变量，主要目的是了解受访对象的分布状况。但表3-1所呈现的受访对象在籍贯和就读大学各个类别中的离散程度很高，无法进行严谨的组间比较，故而，在后续的数据分析中放弃了这两个变量对财经素养水平的影响的研究。同时，虽然可以看到大学生的年龄最小的是17岁，最大的是29岁，最大极值和最小极值之间的差距比较大，但是，年龄基本上集中于 18～21 岁，也就是个体之间的年龄差距比较小，根据年龄对财经素养的影响在大学阶段与中学阶段呈不相关的情形（Lusardi and Mitchell，2014），故而，本项目也放弃了年龄对财经素养的影响的研究。

表 3－2　样本概况：受访者家庭的人文统计特征

统计特征		人数	百分比（%）	统计特征		人数	百分比（%）
父亲的职业	政府机关、党群组织的负责人或中高级官员	113	5.2	母亲的职业	政府机关、党群组织的负责人或中高级官员	54	2.5
	企事业单位的管理人员	179	8.2		企事业单位的管理人员	129	5.9
	专业技术人员或其他专业人士	82	3.8		专业技术人员或其他专业人士	51	2.3
	技术工人	235	10.8		技术工人	100	4.6
	政府或企事业单位的普通员工	269	12.3		政府或企事业单位的普通员工	308	14.1
	个体户	351	16.1		个体户	346	15.9
	自由职业者（泛指自由作家、动画师、程序员、配音师等自由工作的脑力劳动者）	29	1.3		自由职业者（泛指自由作家、动画师、程序员、配音师等自由工作的脑力劳动者）	34	1.6
	务农	387	17.7		务农	390	17.9
	其他职业	471	21.6		其他职业	504	23.1
	待业	65	3.0		待业	265	12.2
父亲的受教育程度	初中及以下	986	45.2	母亲的受教育程度	初中及以下	1130	51.8
	高中/中专/技校	620	28.4		高中/中专/技校	590	27.1
	大学本科/大专	525	24.1		大学本科/大专	432	19.8
	硕士及以上	50	2.3		硕士及以上	29	1.3

统计特征		人数	百分比（%）	统计特征		人数	百分比（%）
家庭成员的健康状况	很差	9	0.4	家庭月收入	≤5000 元	786	36.0
	较差	117	5.4		5000 元 < x ≤ 10000 元	799	36.6
	一般	698	32.0		10000 元 < x ≤ 20000 元	411	18.8
	良好	1357	62.2		20000 元以上	185	8.5
子女评估父母的财经素养水平	非常低	39	1.8	是否是独生子女	是	1020	46.8
	低	114	5.2		否	1161	53.2
	有些低	352	16.1				
	一般	683	31.3				
	有些高	549	25.2				
	高	306	14.0				
	非常高	138	6.3				

从表 3-2 中八个家庭人文统计特征变量所表现的频数可以看出，与表 3-1 中的个人人文统计特征变量所呈现的频数相比，更能反映和表现中国的家庭总体特征。因此，综合而言，本项目获得的受访对象具有较高的代表性。

第三节　变量的定义和测量

本项目主体调查涉及的变量有 23 个：①延迟满足；②克制力；③冲动性；④财经知识的学习（接受经济学教育的程度、获取财经知识的途径、每周学习财经知识的时长和日常使用经济学的知识量）；⑤财经知识（客观财经知识、自我评估的财经知识）；⑥参与自己家庭的金钱决策；⑦入不敷出时的决策；⑧预算（预算习惯、预算意向、维持预算的自我效能）；⑨认知需求；⑩金融信息搜索的信心；⑪长期金钱计划；⑫广义的自我效能；⑬财经态度；⑭财经满意感；⑮金钱态度；⑯投资风险（风险偏好、投资风险承担意愿）；⑰债务的积极态度；⑱债务的消极态度；⑲金融产品的使用状况（自己持有的金融产品类型、对周围人持有的金融产品的知晓度）；⑳财经行为合理性；㉑财经限制性；㉒个人负债；㉓奢啬挥霍特性。

一、延迟满足

延迟满足（Delayed Gratification）是指一种甘愿为更有价值的长远目标而放弃即时满足的选择取向，以及在等待期间展示的自我控制能力。它的发展是个体完成各种任务、协调人际关系、成功适应社会的必要条件。

"延迟满足"不是单纯地让孩子学会等待，也不是一味地压制他们的欲望，更不是让孩子"只经历风雨而不见彩虹"，说到底，它是一种克服当前的困难情境而力求获得长远利益的能力。

人有各种不同的目标，有些目标比较遥远。要完成遥远的目标，需要刻苦、辛勤地工作。当完成目标时，所得的回报也很大。但要完成目标，便要付出代价，譬如要放弃即时的享乐，以及约束自己的行为。如果缺乏意志力，每当遇到外界的诱惑，便放下学习或工作，追求即时享乐，这便很难完成自己的目标了。

延迟满足的测量来源于 Fernandes 等（2014），本项目删除"我很难坚持一种专门的健康的饮食习惯""当面对一项体力劳动时，我总是试着推迟去做""我不会考虑我的行为会如何影响他人""我不太能相信钱""我无法激励自己实现长期目标"，保留余下的 5 个题项，这 5 个测项采取六级量表（1 = 非常不同意；6 = 非常同意）正向编码的方式获取受访者的感知，具体如表 3 - 3 所示。整个变量测量的 Cronbach's α 为 0.754，大于阈值 0.7；除了"为了达成目标，我放弃了身体上的愉悦或舒适"的经校正的题总相关对应的数值0.393 略小于阈值 0.4 外，其余的都大于 0.4，为了保持信息的完备性，本项目保留所有的测项。总体来看，延迟满足的测量具有较高的可靠性。

表 3 - 3　延迟满足测量的题项以及与总体关联的可靠性

序号	题项	经校正的题总相关	删除某个题项后的克朗巴哈系数
1	我一直尝试吃健康的食物，因为从长远来看，它会有所回报	0.538	0.703
2	我尝试考虑我的行为将长期影响其他人	0.550	0.699
3	我试图明智地花钱	0.587	0.686
4	我一直觉得自己的辛勤工作最终会得到回报	0.539	0.703
5	为了达成目标，我放弃了身体上的愉悦或舒适	0.393	0.756

二、克制力

克制力（Restraint）适用于不好的或不应有的情感、思想和行为，有条件去做而以毅力强制自己不去做。Fernandes 等（2014）研究发现，克制力与信心（Confidence）、长期金钱计划、承担风险的意愿、为紧急事情存钱、信用评分（Banks/Credit Card Credit Score）存在显著的正相关关系。克制力的测量来源于 Fernandes 等（2014），本项目删除"我很难摆脱坏习惯""我希望自己有更多的自律能力"，保留余下的两个题项。这 2 个测项采取六级量表（1 = 非常不同意；6 = 非常同意）正向编码的方式获取受访者的感知，具体如表3 - 4 所示。整个变量测量的 Cronbach's α 为 0.679，在测项只有两个的状态下大于阈值 0.6；各个题项的 Corrected Item - Total Correlation 对应的数值均大于阈值 0.4。由此看来，克制力的测量具有较高的可靠性。

表3 - 4　克制力测量的题项以及与总体关联的可靠性

序号	题项	经校正的题总相关	删除某个题项后的克朗巴哈系数
1	我善于抵抗诱惑	0.514	0.000
2	人们会说我有钢铁般的意志力	0.514	0.000

三、冲动性

冲动多指做事鲁莽，不考虑后果，感情特别强烈，理性控制很薄弱的心理现象。可表现在行为上，也可表现在思想意识上。冲动性行为是对自己的行动失去意志监督的表现。从心理学上看，冲动是指由外界刺激引起，爆发突然，缺乏理智而带有盲目性，对后果缺乏清醒认识的行为。也就是说，冲动是行为系统不理智的各种表现，是人的情感特别强烈、基本不受理性控制的一种心理现象。冲动行为发生的条件：①冲动通常在受到外界强烈刺激的情景下出现。此时意识偏狭，语言举止很难受到中枢神经的有力调节和控制，结果语言出格、行为失当、贸然行事，以致带来不同程度的破坏性。②冲动也可以在怨恨和愤懑长期郁积于胸无法排遣，而在外界出现微不足道刺激的情景下发生，此时外界的刺激只是个导火线，同样也会产生破坏性的后果。③冲动还可以在我行我素惯了容不得半点冒犯而偏偏遇到抵触的情景下发生，在这种情况下稍受抵触便走极端，或硬上蛮干，谁也休想阻挡，或绝情寡义，顾不得友谊亲情，结果经常弄得尴尬万分、狼狈不堪。

冲动性（Impulsivity）的测量来源于 Fernandes 等（2014），由四个测项组成。这四个测项采取六级量表（1 = 非常不同意；6 = 非常同意）正向编码的方式获取受访者的感知，具体如表 3 – 5 所示。整个变量测量的 Cronbach's α 为 0.778，大于阈值 0.7；各个题项的 Corrected Item – Total Correlation 对应的数值均大于阈值 0.4。由此看来，冲动性的测量具有较高的可靠性。

表 3 – 5 冲动性测量的题项以及与总体关联的可靠性

序号	题项	经校正的题总相关	删除某个题项后的克朗巴哈系数
1	我会做某些对我不利的事情，如果它们很有趣	0.567	0.732
2	有时开心和快乐也会使我无法完成工作	0.558	0.736
3	有时候，即使知道这是错误的，我也无法阻止自己做某事	0.657	0.684
4	我经常不考虑所有选择就采取行动	0.547	0.742

四、财经知识的学习

关于财经知识的学习这个方面的测量，本书使用接受经济学教育的程度、获取财经知识的途径、每周学习财经知识的时长和日常使用经济学的知识量四个不同的变量来反映。

接受经济学教育的程度是指学生接受专业教育机构所提供的系统化知识的多少和深度。它的测项是"你受到了多少与经济学/金融学相关的教育"，答项由四个水平组成：①一点都没有；②很少；③一些；④很多。

获取财经知识的途径是指在当前的环境中大学生主动学习财经知识的渠道类型和数量，本书采取多项选择获取数据。这个变量的问项是"你获取财经知识的途径是？（多选）"，答项由以下七个类别组成：①财经新闻；②报纸杂志；③有关书籍；④他人提及；⑤学校教育（或机构培训）；⑥社交媒体；⑦其他。

每周学习财经知识的时长是指大学生每周用于学习财经知识的时间长度。本书按照四个水平计量这个变量：①不花费任何时间；②不超过 1 小时；③1 小时以上不超过 2 小时；④2 小时以上。

日常使用经济学的知识量是指大学生在学习和业余生活中需要使用多少财

经类知识。本项目关于这个变量的测项是"你在日常活动（工作，爱好）中需要多少经济学/金融类知识?"，答项包含四个水平：①一点都没有；②很少；③一些；④很多。

五、财经知识

财经知识（Financial Knowledge）是财经素养的构成维度，是指通过教育或者经验获得的个人基本财经概念和金融产品的知识储备（Huston，2010）。本书所指的财经知识包括客观财经知识和自我评估的财经知识。客观财经知识由 16 个财经类知识问答组成，每个小知识的解答由多个选项组成，正确答案只有一个。本书根据每一位受访者的回答结果，确定其正确与否，最终形成错误和正确两个水平的二分变量。这些财经知识包括通货膨胀、单利计算、借钱中的利息计算、复利计算、投资的风险性、通货膨胀和生活成本关系、股票的风险性、抵押贷款的利息成本、分散化投资和风险关系、利率和债券价格的关系、美元的买入价识别、高回报金融产品的识别、收益波动资产的识别、债券和股票的风险比较、资产的时间价值、股票共同基金的含义。自我评估的财经知识（Self – Assessed Literacy），又称主观财经知识，是受访者对财经知识的掌握和理解程度的自我评判，本书采取七级 Likert 量表进行测量（1 = 非常低；7 = 非常高）。

六、参与自己家庭的金钱决策

参与自己家庭的金钱决策是指大学生以家庭主人的身份参与家庭的金钱决策。该变量的测项是"你会参与自己家庭中有关金钱的决策吗?"答项为：①不会；②会。本书以二分变量测量对应的选择。这个变量反映了大学生在家庭中的地位，自己的权利是否得到父母的尊重，以及自己是否拥有说服父母的能力。

七、入不敷出时的决策

入不敷出时的决策是指家庭提供给大学生的日常生活费用不足以支付下个月的消费时，大学生所做的决策。假设一个大学生的父母每月给孩子 2000 元的生活费，该名学生将这 2000 元全部花费在餐饮、交通、购物、日常生活四个方面。一般情况下，购物（服饰、数码产品、软件、图书）占到总开支的20%，即 400 元。有一天，该学生在逛街时，发现了一件非常合身的衣服，价格 1500 元，他没有抵挡住诱惑，把购物心理账户上的 400 元全部拿出来又从蚂蚁花呗上借了 1100 元，买下了这件心仪的服装。于是，就产生了下个月必须偿还 1100 元的全部或者部分借款的任务，而父母按时提供的固定的 2000 元就不能支付下个月的正常生活费用。也就是说，在当月的消费额大于正常收入时，产生财务亏空，其后的收入不得不弥补这个亏空，导致实际生活水平下降。此种情况下，大学生会怎么办呢？本书根据学生的日常行为设计出七种决策模式，并要求被试只能选择其中一种决策模式：①减少支出；②出售我拥有的东西；③打些零工赚钱；④向父母要；⑤向同学借款；⑥网络借贷；⑦不知道。

八、预算

个人预算是关于如何分配未来收入，用于开销、储蓄和债务偿还的一项财务计划。个人做预算的原因有三个：满足我们更高的需求、应对突发财政状况的发生、保证收入支出合情合理不至于陷入财务困境。

本书通过行为、意向和自我效能三个维度测试大学生关于预算方面的素养，这三个维度是预算习惯、预算意向和维持预算的自我效能。对于预算习惯而言，它的测项是"过去三个月，你做财务预算的频率如何？"答项是：①从不；②偶尔；③一般；④经常；⑤总是使用预算。预算意向用三个题项进行测量，分别是"我计划使用财务预算""我打算保持财务预算""对我重要的大多数人都认为我需要做预算"，然后，本书使用李克特五级量表测试大学生对这三个测项的反应（1 = 完全不同意；5 = 完全同意）。维持预算的自我效能是用两个题项进行测量，分别是"我相信我有能力维持预算""如果完全由我自己决定，我对自己能维持预算很有信心"，然后，本书使用李克特五级量表测试大学生对这两个测项的反应（1 = 完全不同意；5 = 完全同意）。

预算意向反映了大学生使用预算理念和关联的方法分配未来收入的倾向性。预算意向测量的 Cronbach's α 为 0.808，在测项数量大于两个的状态下大于阈值 0.7；各个题项的 Corrected Item – Total Correlation 对应的数值均大于阈值 0.4。由此看来，预算意向的测量具有较高的可靠性。具体题项构成如表 3 –6 所示。

维持预算的自我效能测量的 Cronbach's α 为 0.851，在测项数量等于两个的状态下大于阈值 0.6；各个题项的 Corrected Item – Total Correlation 对应的数值均大于阈值 0.4。由此看来，维持预算的自我效能的测量具有较高的可靠性。具体题项构成如表 3 –7 所示。

表3-6　预算意向的测量的题项以及与总体关联的可靠性

序号	题项	经校正的题总相关	删除某个题项后的克朗巴哈系数
1	我计划使用财务预算	0.723	0.664
2	我打算保持财务预算	0.752	0.635
3	对我重要的大多数人都认为我需要做预算	0.510	0.877

表3-7　维持预算的自我效能的测量的题项以及与总体关联的可靠性

序号	题项	经校正的题总相关	删除某个题项后的克朗巴哈系数
1	我相信我有能力维持预算	0.741	
2	如果完全由我自己决定，我对自己能维持预算很有信心	0.741	

九、认知需求

认知需求（Need for Cognition）是指一个人全神贯注地投入某个主题的思考而忽略其他无关信息的稳定人格。从以往的研究已经发现，认知需求与五大人格中的开放性、责任心正向相关，与情绪稳定性负向相关；与理性而不是与经验性思考正向相关（Sadowski and Cogburn，1997）。认知需求与财经素养是相关的。认知需求的测量来源于 Fernandes 等（2014），删除原测量中的"我更喜欢复杂而不是简单的内容""我更喜欢做一些挑战我的思维的事情，而不是一些需要思考的事情"，保留三个测项，具体如表3-8所示。这三个测项采取六级量表（1＝非常不同意；6＝非常同意）反向编码的方式获取受访者的感知。整个变量测量的 Cronbach's α 为 0.798，大于阈值 0.7；各个题项的 Corrected Item - Total Correlation 对应的数值均大于阈值 0.4。由此看来，认知需求的测量具有较高的可靠性。

十、金融信息搜索的信心

金融信息搜索的信心（Consumer Confidence in Financial Information Search），即一个人对金融市场决策和行为感到有能力和有信心的程度，它与主动收集财经信息、处理信息和考虑信息有关（Bearden et al.，2001）。与自我效能（Self - Efficacy）类似，金融信息搜索的信心反映了一种核心信念，即一个人有能力产生预期的效果，在需要方法和毅力的任务中促进成功，而自信给了一个人坚持下去的激励（Bandura and Locke，2003）。许多财务上的错误都是不作为和逃避的结果，这激发了对各种自动注册（Autoenrollment）的研究（Madrian and Shea，2001）。

表 3 – 8　认知需求的测量的题项以及与总体关联的可靠性

序号	题项	经校正的题总相关	删除某个题项后的克朗巴哈系数
1	我不想做很多思考	0.699	0.664
2	我尽量避免需要深入思考某些内容的情况	0.699	0.663
3	苦苦思索很长时间，使我几乎没有满足感	0.537	0.832

金融信息搜索的信心由五个题项构成，采取六级量表（1 = 非常不同意；6 = 非常同意）正向编码的方式获取受访者的感知，具体如表 3 – 9 所示。整个变量测量的 Cronbach's α 为 0.912，大于阈值 0.7；各个题项的 Corrected Item – Total Correlation 对应的数值均大于阈值 0.4。由此看来，金融信息搜索的信心的测量具有较高的可靠性。

表 3 – 9　金融信息搜索的信心的测量的题项以及与总体关联的可靠性

序号	题项	经校正的题总相关	删除某个题项后的克朗巴哈系数
1	我有能力识别良好的金融投资	0.750	0.897
2	我知道要寻找什么投资才能获得最大的收益	0.803	0.886
3	我知道制定金融投资决策时应该问的正确问题	0.812	0.884
4	我具备进行健全的金融投资所需的技能	0.787	0.889
5	我知道正确的资源可以进行咨询以做出明智的财经决策	0.727	0.902

十一、长期金钱计划

Fernandes 等（2014）研究发现，长期金钱计划（Planning for Money-Long Term）显著正向影响紧急备用金（Saving for an Emergency）、退休生活费、信用评级（Credit Score）。长期金钱计划对上述三个变量的影响系数分别为

0.482、0.244 和 0.317。

长期金钱计划由六个题项构成，采取六级量表（1＝非常不同意；6＝非常同意）正向编码的方式获取受访者的感知，如表 3－10 所示。整个变量测量的 Cronbach's α 为 0.935，大于阈值 0.7；各个题项的 Corrected Item－Total Correlation 对应的数值均大于阈值 0.4。由此看来，长期金钱计划的测量具有较高的可靠性。

表 3－10　长期金钱计划的测量的题项以及与总体关联的可靠性

序号	题项	经校正的题总相关	删除某个题项后的克朗巴哈系数
1	我设定了未来 1～2 年要用我的钱实现的财务目标	0.776	0.927
2	我事先决定未来 1～2 年如何使用我的钱	0.795	0.924
3	我会积极考虑在接下来的 1～2 年中需要采取哪些措施来保持预算	0.847	0.917
4	我会查看预算，看看接下来的 1～2 年还剩下多少钱	0.847	0.917
5	我希望查看未来 1～2 年的预算，以便更好地了解未来的支出	0.817	0.921
6	在接下来的 1～2 年中计划财务状况会让我感觉更好	0.758	0.929

十二、广义的自我效能

广义的自我效能（Generalized Self－Efficacy）的基本原理是将这种可能稳定且非常普遍的特征与金融信息搜索中的信心区分开来。自我效能（Self－Efficacy）指人对自己是否能够成功地进行某一行为的主观判断，是指一个人在特定情景中从事某种行为并取得预期结果的能力，它在很大程度上指个体对自我有关能力的感觉。自我效能也是指人们对自己实现特定领域行为目标所需能力的信心或信念，简单来说，就是个体对自己能够取得成功的信念，即"我能行"。它包括两个成分，即结果预期和效能预期，其中结果预期是指个体对自己的某种行为可能导致结果的推测；效能预期是指个体对自己实施某种行为能力的主观判断。自我效能同时也标志了人们对自己产生特定水准的，能够影响自己生活事件的行为之能力的信念。自我效能的信念决定了人们如何感受、如何思考、如何自我激励以及如何行为。一般来说，成功经验会增强自我效能，反复的失败会降低自我效能。

由于一些非能力因素会制约活动质量的高低，所以，人们在评价自我效能时，往往要同时斟酌能力因素与非能力因素对自己行为成败的作用。因此，除能力因素外，一些非能力因素，如活动任务的难度、个人努力程度、外力援助的多少等都会或多或少地影响着自我效能的建立。如果任务很难，或者个人没有付出多少努力，或者没有什么外力援助，这时的成功会增强自我效能感，而这时的失败不会降低自我效能感。如果任务简单，或者活动中费力很大，或者外力援助较多，这时即使成功也不会增强自我效能感，倘若失败就会降低自我效能感。人们对于行为成败的归因方式，会直接影响自我效能的评价。

Fernandes 等（2014）的研究发现，自我效能与财经素养（Financial Literacy）、计算能力（Numeracy）、自信、长期金钱计划、承担风险意愿、为紧急事情存钱、信用评分（Banks/Credit Card Credit Score）、约束、认知需求存在显著的正相关关系。自我效能的测量来源于 Fernandes 等（2014），由五个测项构成，采取六级量表（1 = 非常不同意；6 = 非常同意）正向编码的方式获取受访者的感知，如表 3 - 11 所示。整个变量测量的 Cronbach's α 为 0.910，大于阈值 0.7；各个题项的 Corrected Item - Total Correlation 对应的数值均大于阈值 0.4。由此看来，广义的自我效能的测量具有较高的可靠性。

表 3 - 11　广义的自我效能的测量的题项以及与总体关联的可靠性

序号	题项	经校正的题总相关	删除某个题项后的克朗巴哈系数
1	我将能够实现为自己设定的大多数目标	0.702	0.904
2	面对艰巨的任务时，我相信自己会完成	0.799	0.884
3	总的来说，我认为我可以获得对我很重要的结果	0.819	0.880
4	我相信，只要有决心，任何努力都可以成功	0.748	0.895
5	我能够成功克服许多挑战	0.794	0.885

十三、财经态度

态度反映了个体对他人、思想、事件和客观物体的评价，可以帮助人们理解和预测不同情境下的顾客行为。财经态度（Financial Attitudes）反映了个体即时满足抑或延迟满足的愿望，以及能否正确处理储蓄和消费之间的关系。如果一个人把当前通过消费所获得的快感赋予较高的权重，那么，他在未来的经济生活中应对不确定性的能力就会下降，甚至进入窘迫当中。反之，权衡现在和未来的消费，把一部分收入储存下来，虽然有意识地抑制了当前的欲望，但是，个体增加了对未来的掌控能力。财经态度反映了个人在存钱方面的价值观。尽管对实现和维持自己的储蓄目标的积极或消极态度不一定构成实际行为，但如果人们对储蓄存有积极的看法，则他们更有可能参与良好的财经管理实践。这可能意味着，如果人们被教导要采取积极的财经态度并一贯奉行节俭的行为，那么他们将不太可能冲动地购买多余的物品。

财经态度由两个题项构成，采取五级量表（1 = 完全同意；5 = 完全不同意）的方式获取受访者的感知。也就是说，受访者选择的数字越大，越不同意测项的观点，财经态度则表现出正向积极的特性，如表 3 – 12 所示。整个变量测量的 Cronbach's α 为 0.665，在测项数量只有两个的状态下大于阈值 0.6；各个题项的 Corrected Item – Total Correlation 对应的数值均大于阈值 0.4。由此看来，财经态度的测量具有较高的可靠性。

表 3 – 12　财经态度的测量的题项以及与总体关联的可靠性

序号	题项	经校正的题总相关	删除某个题项后的克朗巴哈系数
1	我倾向于"今朝有酒今朝醉"而不去考虑明天	0.498	0.000
2	我发现花钱比长期保存更令人满意	0.498	0.000

十四、财经满意感

财经满意感即个体对目前财务状况的满意程度。本书采取测项"我对目前的财务状况感到满意"和答项李克特五级量表来测试"大学生的财经满意感"（1 = 完全不同意；5 = 完全同意）。

十五、金钱态度

金钱态度（Attitude Toward Money）是指个人对金钱的价值观念、金钱的伦理、金钱所代表意义的认知（Yamauchi and Temler，1982）。它是个人对金钱相关事物所持的一种相当持久且一致的行为倾向。

心理学研究中，金钱绝非中性的商品交换的尺度，人们对金钱意义的认识是多层面的，会引起人们在认知、情绪和行为上的各种反应。金钱既能引起人们正面的信念，如社会权力、社会接受性、自由、爱、安全感、品质、控制力、动力、舒适、自我肯定、能力、成就等；也能引起人们负面的信念，如贫穷、害怕失败、道德罪恶感、社会疏离、怀疑行为、邪恶、可耻等。因此，金钱所代表的心理意义要远远超出其现实的经济意义。

研究者还从金钱态度出发，归纳出了金钱人格类型。Forman（1987）描绘了五种经典的（与金钱有关的）神经病类型：守财奴、挥霍者、大亨、讨价还价者、赌徒；Doyle（1992）提出了四种金钱人格类型：驱动者、慈悲者、分析者、表达者；Lemrová 等（2014）从认知、情感、行为三个成分入手，总结归纳出四种金钱人格：金钱排斥者、金钱冷漠者、金钱不满者、金钱崇拜者。

本书的金钱态度由四个题项构成，采取六级量表（1 = 非常不同意；6 = 非常同意）正向编码的方式获取受访者的感知，如表 3 - 13 所示。整个变量测量的 Cronbach's α 为 0.839，在测项数量大于两个的状态下大于阈值 0.7；各个题项的 Corrected Item - Total Correlation 对应的数值均大于阈值 0.4。由此看来，金钱态度的测量具有较高的可靠性。

表 3 - 13　金钱态度的测量的题项以及与总体关联的可靠性

序号	题项	经校正的题总相关	删除某个题项后的克朗巴哈系数
1	我定期为将来留出资金	0.527	0.824
2	我有记账的习惯	0.631	0.790
3	我遵循仔细的财务预算	0.768	0.718
4	我精打细算	0.679	0.761

十六、投资风险

本书构建的投资风险由两个变量组成：第一，风险偏好。是一个单变量，它的测项是"在进行投资时，你愿意承担的风险如何？"答项由从低到高的五种风险偏好选项组成：①不愿意承担任何投资风险；②只能承担较低风险而选择接受较低回报；③只能承担平均风险而选择接受平均回报；④为得到较高回报而承担较高风险；⑤为得到高回报而承担高风险。这五种选项反映了人们对风险持有的不同态度，由此可以划分为五种风险偏好类型。这五种风险偏好对应的投资产品如下：①保守型：不想承担任何风险，投资理财的目的在于保值，适合购买银行储蓄、货币基金、国债等产品；②稳健型：害怕风险，但是又希望在保本的基础上有一定的收益，适合买债券、银行中短期理财产品等；③平衡型：综合考虑风险和收益，风险承受能力适中，可以尝试货币基金＋股票/外汇等组合方式投资；④积极型：倾向于有风险高收益的理财投资，对风险并不惧怕，适合股票或股票基金等投资方式；⑤激进型：热衷在高风险中博取高收益，不怕本金损失，适合股票、外汇、数字货币等投资。

第二，投资风险承担意愿（Willingness to Take Investment Risk）。它是一个多维度构成的心理感知变量。根据投资风险承担意愿关联的四个题项以及投资风险偏好的类型，可以把将年收入的10%投资于中等增长程度的共同基金归属到积极型风险偏好类型；把将年收入的5%投资于投机性很强的股票归属到激进型风险偏好类型；把将年收入的5%投资于保守型股票归属到保守型风险规避类型；把将年收入的10%投资于政府债券归属到稳健型风险规避类型。风险投资的测量来源于 Fernandes 等（2014），删除原测量中的"当考虑金融投资的时候，你愿意承担多大风险"，保留四个测项，如表 3-14 所示。这四个测项采取五级量表（1 = 非常不可能；5 = 很有可能）正向编码的方式获取受访者的感知。整个变量测量的 Cronbach's α 为 0.811，大于阈值 0.7；各个题项的 Corrected Item - Total Correlation 对应的数值均大于阈值 0.4。由此看来，投资风险承担意愿的测量具有较高的可靠性。

表 3-14　投资风险承担意愿的测量的题项以及与总体关联的可靠性

序号	题项	经校正的题总相关	删除某个题项后的克朗巴哈系数
1	将年收入的 10% 投资于中等增长程度的共同基金	0.776	0.927
2	将年收入的 5% 投资于投机性很强的股票	0.795	0.924
3	将年收入的 5% 投资于保守型股票	0.847	0.917
4	将年收入的 10% 投资于政府债券（国库券）	0.847	0.917

十七、债务的积极态度

对债务持积极态度的学生，认为借贷是对未来强有力的合理的投资。从就业能力、收入潜力和工作保障等方面来看，他们对一个好的决定感到放心，这个决定会在长期内给他们带来回报。

债务的积极态度的测量来源于 Harrison 等（2015），由九个测项构成。这九个测项采取五级量表（1＝完全不同意；3＝既不同意也不反对；5＝完全同意）正向编码的方式获取受访者的感知，如表3－15所示。整个变量测量的 Cronbach's α 为 0.801，大于阈值 0.7；各个题项的 Corrected Item – Total Corre-lation 对应的数值均大于阈值 0.4。由此看来，债务的积极态度的测量具有较高的可靠性。

表3－15　债务的积极态度测量的题项以及与总体关联的可靠性

序号	题项	经校正的题总相关	删除某个题项后的克朗巴哈系数
1	我希望读完大学之后能赚更多的钱，因为我上过大学	0.419	0.791
2	教育贷款是对未来的良好投资	0.519	0.778
3	如果我有学位，我更有可能找到工作	0.494	0.781
4	我十分清楚我要承担多少学生贷款债务	0.573	0.770
5	离开大学并找到工作后，我将开始处理学生的债务	0.513	0.779
6	我觉得我对学生贷款的运作方式有很好的了解	0.435	0.789
7	我知道学生贷款的还款条件	0.510	0.779
8	我很清楚自己有多少信用卡和透支多少债务	0.518	0.778
9	学生债务的最佳用途是偿还我的大学费用	0.447	0.787

十八、债务的消极态度

对债务持消极态度的人的看法非常尖锐，认为高等教育不是一个好的投资，因为其会产生债务。他们认为教育存在不公平型，即贫困家庭本身就没有多少钱，再让他们的孩子交学费，会加剧他们的贫困，如果通过举债的方式获得学费和生活费，将使其未来背上沉重的包袱。在这其中，一些学生可能不能进行理性的决策，用借贷获得的钱去购买奢侈品或者应对高昂的社交生活，这样容易引发未来依靠自身能力无法偿还的债务。

对债务的消极态度的测量来源于 Harrison 等（2015），由七个测项构成。

这七个测项采取五级量表（1 = 完全不同意；3 = 既不同意也不反对；5 = 完全同意）正向编码的方式获取受访者的感知，如表 3 – 16 所示。整个变量测量的 Cronbach's α 为 0.840，大于阈值 0.7；各个题项的 Corrected Item – Total Correlation 对应的数值均大于阈值 0.4。由此看来，对债务的消极态度的测量具有较高的可靠性。

表 3 – 16　债务的消极态度测量的题项以及与总体关联的可靠性

序号	题项	经校正的题总相关	删除某个题项后的克朗巴哈系数
1	我担心我的债务将无法偿还	0.511	0.830
2	我用债务来支付良好的社交生活	0.491	0.833
3	我作为学生所欠的债务对我的工作生活是一个不公平的开始	0.539	0.826
4	我用债务来支付奢侈品	0.676	0.805
5	有时我无法入睡，因为我担心自己欠下的债务	0.720	0.797
6	我担心债务会影响我的成绩	0.636	0.811
7	我因为学生贷款而感到孤立	0.576	0.820

十九、金融产品的使用状况

金融产品的使用状况从自己持有的金融产品类型和对周围人持有的金融产品的知晓度两个方面进行测量。

自己持有的金融产品类型采取多项选择的方式，评价大学生在以下十项产品中的持有情况：①银行贷款；②储蓄账户；③信用卡（或花呗）；④基金（如余额宝或理财通等）；⑤股票和股份；⑥保险；⑦外汇；⑧期货（如黄金等）；⑨债券；⑩其他。

对周围人持有的金融产品的知晓度也是采取多项选择的方式，评价大学生周围有哪些人现在或过去半年内购买过金融产品？答项包含以下五个内容：①老师；②同学；③家人或亲戚；④朋友；⑤不知道。

二十、财经行为合理性

财经行为合理性是指个人的财经行为是否符合正常的规范。这种规范性保证了个体财经活动的正常进行，不会因为不合理而使得自己陷入财经困境之中。财经行为合理性由四个题项构成，采取五级量表（1 = 完全不同意；5 = 完全同意）的方式获取受访者的感知，如表 3 - 17 所示。整个变量测量的 Cronbach's α 为 0.811，在测项数量大于两个的状态下大于阈值 0.7；各个题项的 Corrected Item - Total Correlation 对应的数值均大于阈值 0.4。由此看来，财经行为合理性的测量具有较高的可靠性。

表 3 - 17　财经行为合理性的测量的题项以及与总体关联的可靠性

序号	题项	经校正的题总相关	删除某个题项后的克朗巴哈系数
1	在买东西之前，我会仔细考虑能否负担得起	0.606	0.775
2	我按时支付账单	0.676	0.742
3	我会密切关注自己的财务事宜	0.759	0.702
4	我制定了长期财务目标并努力实现这些目标	0.500	0.829

二十一、财经限制性

财经限制性是指一个人的经济收入能否满足其正常的生活和做重要事情关联的开支，它包含正常的生活支出能否得到保障以及经济状况是否限制其做重要事情。在这里，它由两个题项构成，采取五级量表（1 = 完全不同意；5 = 完全同意）的方式获取受访者的感知，如表 3 - 18 所示。整个变量测量的 Cronbach's α 为 0.636，在测项数量只有两个的状态下大于阈值 0.6；各个题项的 Corrected Item - Total Correlation 对应的数值均大于阈值 0.4。由此看来，财经限制性的测量具有较高的可靠性。

表 3 - 18　财经限制性的测量的题项以及与总体关联的可靠性

序号	题项	经校正的题总相关	删除某个题项后的克朗巴哈系数
1	我会担心正常的生活费用的支出	0.472	0.000
2	我的经济状况限制了我做对我很重要的事情的能力	0.472	0.000

二十二、个人负债

个人负债是指个人过去的交易或者事先形成的，预期会导致经济利益流出的现时义务。个人负债包括个人流动负债和个人非流动负债。大学生的流动负债主要包括信用卡欠款、短期消费贷、短期私人借款等；非流动负债是指偿还期在一年以上的债务，对大学生而言，主要是指助学贷款。本书使用单一测项"我现在有太多的债务"和答项李克特五级量表测试"大学生对个人负债的反应"（1 = 完全不同意；5 = 完全同意）。

二十三、吝啬挥霍特性

吝啬挥霍特性（经济上的慷慨性）反映了个体在满足自己需求或者在社交消费行为中所表现的慷慨性。本项目使用语义差异 11 级量表，即守财奴—挥霍者两个反义词测量大学生处于哪种状态。同时，本书对每一个数字做了界定，即从 1 到 11 的十一个数字分别代表了守财奴、特别吝啬、非常吝啬、吝啬、有点吝啬、适中、有点大方、大方、非常大方、特别大方、挥霍者。

本章小结

本书借助大学生财经素养大赛平台，把报名的参赛者作为样本框抽选样本单位，把问卷调查作为报名者的考核标准之一，在问项达到 116 个的条件下要求受访者认真、如实、独立填写问卷，在一定程度上规避了交差应付和不负责任的心态，确保了问卷访问的质量。

通过综合评估受访者的个人人文统计特征变量和家庭人文统计特征变量各个水平所表现的频数和比例，本书认为样本特征与总体参数之间有一定的一致性，本书获得的样本可代表中国大学生总体，通过样本对应的数据分析可以推断总体。

本书设计的变量来自小组访谈关联的变量测量开发和既有的学术文献，除了单题项测量的变量外，多题项构成的变量测量均通过可靠性检验，说明本书设计的变量测量具有较高的可靠性，意味着研究框架中所有变量可用于后续的描述性分析、方差分析、相关分析和回归分析。

第四章 数据分析和结果

第一节 延迟满足的描述统计以及对其存在
显著效应的人文统计变量

延迟满足五个关联题项的描述性统计结果如表4-1至表4-5所示。这五个题项正向态度表现（有些同意、同意和非常同意）的比例均大于50%，均值均大于3，说明一半的大学生的延迟满足的能力比较强，但是，五个题项回应的标准差均大于1，说明总体分布离散程度高。

表4-1 "我一直尝试吃健康的食物，因为从长远来看，它会有所回报"
描述性统计结果

水平	频数	比例（%）
完全不同意	28	1.3
不同意	139	6.4
有些不同意	643	29.5
有些同意	766	35.1
同意	391	17.9
完全同意	214	9.8
合计	2181	100.0

均值：3.91；标准差：1.109

表4-2 "我尝试考虑我的行为将长期影响其他人"描述性统计结果

水平	频数	比例（%）
完全不同意	26	1.2
不同意	136	6.2

水平	频数	比例（%）
有些不同意	653	29.9
有些同意	797	36.5
同意	392	18.0
完全同意	177	8.1
合计	2181	100

均值：3.88；标准差：1.071

表4-3 "我试图明智地花钱"描述性统计结果

水平	频数	比例（%）
完全不同意	4	0.2
不同意	52	2.4
有些不同意	460	21.1
有些同意	749	34.3
同意	580	26.6
完全同意	336	15.4
合计	2181	100

均值：4.31；标准差：1.053

表4-4 "我一直觉得自己的辛勤工作最终会得到回报"描述性统计结果

水平	频数	比例（%）
完全不同意	12	0.6
不同意	53	2.4
有些不同意	516	23.7
有些同意	747	34.3
同意	544	24.9
完全同意	309	14.2
合计	2181	100

均值：4.23；标准差：1.071

表4-5 "为了达成目标，我放弃了身体上的愉悦或舒适"描述性统计结果

水平	频数	比例（％）
完全不同意	77	3.5
不同意	246	11.3
有些不同意	756	34.7
有些同意	699	32.0
同意	302	13.8
完全同意	101	4.6
合计	2181	100

均值：3.55；标准差：1.114

本书将延迟满足关联的五个题项加总求均值，记为因子分，用这个因子分代表延迟满足，其均值和标准差分别为3.98和0.769。把个人和家庭的人文统计变量作为自变量，把延迟满足作为因变量，运用 One-way ANOVA 进行方差分析，有以下人文统计变量显著影响大学生的延迟满足：

第一，成长所在地。One-way ANOVA 分析发现，$F_{(1, 2179)} = 15.537$，$p = 0.000$。来自城市的大学生的延迟满足（$M = 4.04$；$SD = 0.775$）显著高于来自农村的大学生的延迟满足（$M = 3.91$；$SD = 0.757$）。

第二，专业。One-way ANOVA 分析发现，$F_{(11, 2169)} = 2.133$，$p = 0.016$。基于均值所计算的因变量的方差在自变量的各组间相等，故而，使用 LSD 多重比较法发现，哲学专业的大学生延迟满足显著高于法学、理学、工学三个专业的大学生关联的延迟满足；经济学专业的大学生延迟满足显著高于理学、工学、管理学专业的大学生（$\alpha = 0.05$）。各组具体的数据如表4-6、图4-1所示。

表4-6 专业与大学生延迟满足之间的关系

专业	频数	均值	标准差
哲学	7	4.51	1.051
经济学	475	4.06	0.782
法学	85	3.89	0.812
教育学	45	4.12	0.760
文学	234	3.95	0.803
历史学	11	4.11	0.575

续表

专业	频数	均值	标准差
理学	176	3.89	0.762
工学	417	3.91	0.733
农学	11	4.24	0.950
医学	57	4.00	0.827
管理学	634	3.97	0.739
艺术类	29	4.26	0.996
合计	2181	3.98	0.769

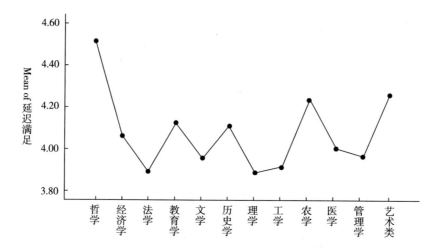

图 4 - 1　专业与大学生延迟满足之间的关系

第三，个人成绩排名。One - way ANOVA 分析发现，$F_{(3, 2177)} = 3.675$，$p = 0.012$。由于基于均值所计算的因变量的方差在自变量的各组间相等，故而，使用 LSD 多重比较法发现，成绩排名在前 10% 的受访者的延迟满足显著高于成绩排名在 21% ~50% 和 51% ~100% 两个成绩段的受访者的延迟满足；成绩排名在 11% ~20% 的受访者的延迟满足显著高于成绩排名在 51% ~100% 的受访者的延迟满足($\alpha = 0.05$)。总体而言，随着个人成绩排名次序的降低，大学生的延迟满足的能力呈现出下降的态势。各组具体的数据如表 4 - 7 所示。

表4-7　个人成绩排名与大学生延迟满足之间的关系

成绩排名	频数	均值	标准差
前10%	747	4.03	0.778
11%~20%	637	3.98	0.770
21%~50%	606	3.95	0.762
51%~100%	191	3.84	0.741
合计	2181	3.98	0.769

第四，月生活费。One-way ANOVA 分析发现，$F(3, 2177) = 3.194$，$p = 0.023$。由于基于均值所计算的因变量的方差在自变量的各组间不相等，故而，使用 Dunnett C 多重比较法发现，月生活费在 2000 元以上的大学生的延迟满足显著大于月生活费为 800~2000 元的大学生关联的延迟满足；月生活费小于等于 800 元与月生活费在 800~2000 元、在 2000 元以上以及"不清楚，没算过"三组大学生之间的延迟满足无显著差异（$\alpha = 0.05$）。各组具体的数据如表4-8所示。

表4-8　月生活费与大学生延迟满足之间的关系

月生活费	频数	均值	标准差
≤800 元	192	4.04	0.820
800 元 < x ≤ 2000 元	1672	3.95	0.750
2000 元以上	246	4.10	0.815
不清楚，没算过	71	4.04	0.874
合计	2181	3.98	0.769

第五，母亲的职业。One-way ANOVA 分析发现，$F(9, 2171) = 1.953$，$p = 0.041$。由于基于均值所计算的因变量的方差在自变量的各组间相等，故而，使用 LSD 多重比较法发现，母亲的职业为企事业单位管理人员的大学生的延迟满足显著大于母亲的职业为技术工人、务农、其他职业、待业的大学生的延迟满足；母亲的职业为技术工人的大学生延迟满足显著小于母亲的职业为企事业单位管理人员、自由职业者两种职业的大学生的延迟满足；母亲的职业为自由职业者的大学生延迟满足显著大于母亲的职业为技术工人、务农的大学生关联的延迟满足（$\alpha = 0.05$）。各组具体的数据如表4-9、图4-2所示。

表4-9 母亲的职业与大学生延迟满足之间的关系

母亲的职业	频数	均值	标准差
政府机关、党群组织的负责人或中高级官员	54	4.12	0.813
企事业单位管理人员	129	4.12	0.752
专业技术人员或其他专业人士	51	4.13	0.848
技术工人	100	3.89	0.793
政府或企事业单位普通员工	308	4.00	0.769
个体户	346	4.00	0.791
自由职业者（泛指自由作家、动画师、程序员、配音师等自由工作的脑力劳动者）	34	4.21	0.833
务农	390	3.91	0.755
其他职业	504	3.95	0.735
待业	265	3.95	0.780
合计	2181	3.98	0.769

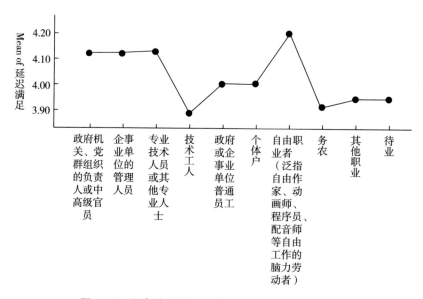

图4-2 母亲的职业与大学生延迟满足之间的关系

第六，父亲的受教育程度。One-way ANOVA 分析发现，$F_{(3, 2177)} = 6.011$，$p = 0.000$。由于基于均值所计算的因变量的方差在自变量的各组间相等，故而，使用 LSD 多重比较法发现，父亲的受教育程度为初中及以下的大学生延迟满足显著低于父亲的受教育程度为大学本科/大专和硕士及以上的大学生关联的延迟满足；父亲的受教育程度为高中/中专/技校的大学生延迟满足显著低于父亲的受教育程度为大学本科/大专和硕士及以上的大学生关联的延迟满足（α＝0.05）。总体而言，随着父亲的受教育程度的提高，大学生延迟满足呈不断增长的态势。各组具体的数据如表 4－10 所示。

表 4－10　父亲的受教育程度与大学生延迟满足之间的关系

受教育程度	频数	均值	标准差
初中及以下	986	3.92	0.754
高中/中专/技校	620	3.97	0.785
大学本科/大专	525	4.07	0.768
硕士及以上	50	4.21	0.761
合计	2181	3.98	0.769

第七，母亲的受教育程度。One－way ANOVA 分析发现，$F_{(3, 2177)}=5.005$，$p=0.002$。由于基于均值所计算的因变量的方差在自变量的各组间相等，故而，使用 LSD 多重比较法发现，母亲的受教育程度为初中及以下的大学生延迟满足显著低于母亲的受教育程度为大学本科/大专对应的大学生的延迟满足（α＝0.05）。总体而言，随着母亲的受教育程度的提高，大学生延迟满足呈增长的态势。各组具体的数据如表 4－11 所示。

表 4－11　母亲的受教育程度与大学生延迟满足之间的关系

受教育程度	频数	均值	标准差
初中及以下	1130	3.93	0.764
高中/中专/技校	590	3.99	0.765
大学本科/大专	432	4.08	0.769
硕士及以上	29	4.19	0.927
合计	2181	3.98	0.769

第八，家庭成员健康状况和评估的父母财经知识。家庭成员健康状况和大学生延迟满足之间的 Pearson 相关系数为 0.057（α＝0.01），即家庭成员健康状况越好，大学生延迟满足能力越强。评估的父母财经知识和大学生延迟满足

之间的 Pearson 相关系数为 0.267 （α = 0.01），即评估的父母财经知识越高，大学生延迟满足能力就越高。

第九，是否是独生子女。One – way ANOVA 分析发现，F（1，2179）= 4.515，p = 0.034。独生子女的延迟满足（M = 4.02；SD = 0.747）显著高于非独生子女的延迟满足（M = 3.95；SD = 0.7987）。

第十，家庭月收入。One – way ANOVA 分析发现，F（3，2177）= 10.315，p = 0.000。使用 LSD 多重比较法发现，家庭月收入在 5000 元及以下的大学生的延迟满足显著低于家庭月收入在 10000 ~ 20000 元和 20000 元以上两组大学生的延迟满足；家庭月收入在 5000 ~ 10000 元的大学生的延迟满足显著低于家庭月收入在 20000 元以上大学生的延迟满足（α = 0.05）。总体而言，随着家庭月收入的提高，大学生表现出来的延迟满足能力呈增长的态势。具体数据如表 4 – 12 所示。

表 4 – 12　家庭月收入与大学生延迟满足之间的关系

家庭月收入	频数	均值	标准差
≤5000 元	786	3.90	0.781
5000 元 < x ≤10000 元	799	3.97	0.741
10000 元 < x ≤20000 元	411	4.02	0.753
20000 元以上	185	4.24	0.818
合计	2181	3.98	0.769

第二节　克制力的描述统计以及对其存在显著效应的人文统计变量

克制力两个关联题项的描述性统计结果如表 4 – 13、表 4 – 14 所示。对"我善于抵抗诱惑"题项持正向态度（有些同意、同意和非常同意）的比例为 59.1%，对"人们会说我有钢铁般的意志力"持正向态度的比例为 52.1%。这两个题项的均值均大于 3，标准差大于 1，说明有一多半的大学生对克制力持肯定态度，但是总体分布离散程度比较高。

表 4 – 13 "我善于抵抗诱惑" 描述性统计结果

水平	频数	比例（%）
完全不同意	15	0.7
不同意	162	7.4
有些不同意	715	32.8
有些同意	760	34.8
同意	390	17.9
完全同意	139	6.4
合计	2181	100

均值：3.81；标准差：1.041

表 4 – 14 "人们会说我有钢铁般的意志力" 描述性统计结果

水平	频数	比例（%）
完全不同意	53	2.4
不同意	198	9.1
有些不同意	794	36.4
有些同意	744	34.1
同意	294	13.5
完全同意	98	4.5
合计	2181	100

均值：3.61；标准差：1.052

本书将克制力关联的两个题项加总求均值，记为因子分，用这个因子分代表克制力，它的均值和标准差分别为 3.71 和 0.911。本书把个人和家庭的人文统计变量作为自变量，把克制力作为因变量，运用 One – way ANOVA 进行方差分析，有以下人文统计变量显著影响大学生对克制力的态度：

第一，性别。One – way ANOVA 分析发现，$F(1, 2179) = 14.260$，$p = 0.000$。男性的克制力（$M = 3.84$；$SD = 0.947$）显著高于女性（$M = 3.67$；$SD = 0.895$）。

第二，专业。One – way ANOVA 分析发现，$F(11, 2169) = 2.322$，$p = 0.008$。由于基于均值所计算的因变量的方差在自变量的各组间相等，故而，使用 LSD 多重比较法发现，农学专业的大学生的克制力显著高于经济学、法学、文学、历史学、理学、工学、医学、管理学八种专业的大学生的克制力；

经济学专业的大学生克制力显著高于管理学专业的大学生，显著低于农学和艺术类专业的大学生；艺术类专业的大学生的克制力显著高于经济学、法学、文学、理学、工学、医学、管理学专业的大学生（α＝0.05）。各组具体的数据如表4－15所示。

表4－15　专业与大学生克制力之间的关系

专业	频数	均值	标准差
哲学	7	4.00	1.258
经济学	475	3.77	0.890
法学	85	3.58	0.974
教育学	45	3.86	0.896
文学	234	3.74	0.945
历史学	11	3.64	0.809
理学	176	3.63	0.885
工学	417	3.68	0.876
农学	11	4.41	1.136
医学	57	3.75	0.996
管理学	634	3.65	0.907
艺术类	29	4.19	0.958
合计	2181	3.71	0.911

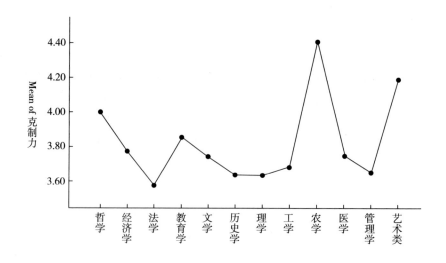

图4－3　专业与大学生克制力之间的关系

第三，个人成绩排名。One‐way ANOVA 分析发现，$F_{(3, 2177)} = 15.540$，$p = 0.000$。由于基于均值所计算的因变量的方差在自变量的各组间相等，故而，使用 LSD 多重比较法发现，成绩排名在前 10% 的受访者的克制力显著高于成绩排名在 11%~20%、21%~50% 和 51%~100% 三个成绩段的受访者的克制力；成绩排名在 11%~20% 的受访者的克制力显著高于成绩排名在 21%~50% 和 51%~100% 两个成绩段的受访者的克制力（$\alpha = 0.05$）。总体而言，随着个人成绩排名的降低，大学生表现的克制力随之降低。各组的具体数据如表 4-16 所示。

表 4-16　个人成绩排名与大学生克制力之间的关系

成绩排名	频数	均值	标准差
前 10%	747	3.87	0.896
11%~20%	637	3.71	0.883
21%~50%	606	3.57	0.895
51%~100%	191	3.50	0.999
合计	2181	3.71	0.911

第四，感情状态。One‐way ANOVA 分析发现，$F_{(2, 2178)} = 5.764$，$p = 0.003$。使用 LSD 多重比较法发现，处于"其他"状态的大学生（$M = 4.16$；$SD = 0.858$）的克制力显著高于处于单身的大学生（$M = 3.68$；$SD = 0.898$）和处于恋爱状态的大学生（$M = 3.75$；$SD = 0.939$）的克制力（$\alpha = 0.05$）。具体数据如表 4-17 所示。

表 4-17　感情状态与大学生克制力之间的关系

感情状态	频数	均值	标准差
单身	1569	3.68	0.898
恋爱	575	3.75	0.939
其他	37	4.16	0.858
合计	2181	3.71	0.911

第五，家庭成员健康状况和评估的父母财经知识。家庭成员健康状况和大学生克制力之间的 Pearson 相关系数为 0.048（$\alpha = 0.05$），即家庭成员健康状况越好，大学生克制力就越高。评估的父母财经知识和大学生克制力之间的

Pearson 相关系数为 0.206 （α = 0.01），即评估的父母财经知识越高，大学生克制力就越高。

第三节 冲动性的描述统计以及对其存在显著效应的人文统计变量

冲动性四个关联题项的描述性统计结果如表 4－18 至表 4－21 所示。受访者对四个题项持正向态度的比例均大于 38%。这四个题项的均值均大于 3，标准差大于 1，说明近四成的大学生具有冲动型人格，但总体分布离散程度比较高。

表 4－18 "我会做某些对我不利的事情，如果它们很有趣" 描述性统计结果

水平	频数	比例（%）
完全不同意	158	7.2
不同意	308	14.1
有些不同意	691	31.7
有些同意	666	30.5
同意	269	12.3
完全同意	89	4.1
合计	2181	100

均值：3.39；标准差：1.203

表 4－19 "有时开心和快乐也会使我无法完成工作" 描述性统计结果

水平	频数	比例（%）
完全不同意	90	4.1
不同意	227	10.4
有些不同意	646	29.6
有些同意	718	32.9
同意	344	15.8
完全同意	156	7.2
合计	2181	100

均值：3.67；标准差：1.192

表 4 – 20 "有时候，即使知道这是错误的，我也无法阻止
自己做某事"描述性统计结果

水平	频数	比例（%）
完全不同意	121	5.5
不同意	261	12.0
有些不同意	684	31.4
有些同意	689	31.6
同意	303	13.9
完全同意	123	5.6
合计	2181	100

均值：3.53；标准差：1.199

表 4 – 21 "我经常不考虑所有选择就采取行动"描述性统计结果

水平	频数	比例（%）
完全不同意	233	10.7
不同意	418	19.2
有些不同意	698	32.0
有些同意	579	26.5
同意	199	9.1
完全同意	54	2.5
合计	2181	100

均值：3.12；标准差：1.208

本书将冲动性关联的四个题项加总求均值，记为因子分，用这个因子分代表冲动性，它的均值和标准差分别为 3.43 和 0.930。本书把个人和家庭的人文统计变量作为自变量，把冲动性作为因变量，运用 One – way ANOVA 进行方差分析，有以下人文统计变量显著影响大学生的冲动性。

第一，性别。One – way ANOVA 分析发现，$F_{(1, 2179)} = 15.126$，$p = 0.000$。男性的冲动性（M = 3.56；SD = 0.941）显著高于女性（M = 3.38；SD = 0.923）。

第二，感情状态。One – way ANOVA 分析发现，$F_{(2, 2178)} = 7.644$，$p = 0.000$。使用 LSD 多重比较法发现，处于其他状态的大学生（M = 3.95；SD = 0.924）的冲动性显著高于处于单身状态的大学生（M = 3.40；SD = 0.910）和处

于恋爱状态的大学生（M = 3.48；SD = 0.972）的冲动性（α = 0.05）。具体数据如表 4 - 22 所示。

表 4 - 22　感情状态与大学生冲动性之间的关系

感情状态	频数	均值	标准差
单身	1569	3.40	0.910
恋爱	575	3.48	0.972
其他	37	3.95	0.924
合计	2181	3.43	0.930

第三，是否是独生子女。One - way ANOVA 分析发现，F（1，2179）= 6.190，$p = 0.013$。非独生子女的冲动性（M = 3.47；SD = 0.930）显著高于独生子女的冲动性（M = 3.37；SD = 0.928）。

第四，评估的父母财经知识。评估的父母财经知识和大学生冲动性之间的 Pearson 相关系数为 0.051（α = 0.05），即随着评估的父母财经知识的增加，大学生的冲动性呈增加的态势。

第四节　财经知识的学习关联的描述统计以及与关键人文统计变量之间的关系

接受经济学教育的程度如表 4 - 23 所示。从表中数据可以看出，在样本总体中，目前有 24.8% 的受访者在教育体系中很少或者一点都没有接受过经济学知识的学习。

表 4 - 23　接受经济学教育的程度

类别	频数	比例（%）
一点都没有	56	2.6
很少	485	22.2
一些	1240	56.9
很多	400	18.3
合计	2181	100

根据接受经济学教育程度的测量答项的四个水平，可以将其看作连续变量。本书把个体人文统计变量作为自变量，把接受经济学教育的程度作为因变量，运用One-way ANOVA进行方差分析，有以下个体人文统计变量显著地影响大学生接受经济学教育的程度：

第一，性别。One-way ANOVA分析发现，$F(1, 2179) = 6.041$，$p = 0.014$。女大学生接受经济学教育的程度（$M = 2.93$；$SD = 0.694$）显著高于男大学生（$M = 2.84$；$SD = 0.746$）。

第二，年级。One-way ANOVA分析发现，$F(3, 2177) = 36.138$，$p = 0.000$。由于基于均值所计算的因变量的方差在自变量的各组间不相等，故而，使用Dunnett C多重比较法发现，大一学生接受经济学教育的程度显著小于大二、大三和大四三个年级的大学生，而后三个年级之间接受经济学教育的程度不存在显著差异（$\alpha = 0.05$）。各组的具体数据如表4-24所示。

表4-24　年级与接受经济学教育的程度之间的关系

年级	频数	均值	标准差
大一	182	2.48	0.671
大二	1008	2.87	0.705
大三	956	3.04	0.685
大四	35	2.89	0.530
合计	2181	2.91	0.707

第三，成长所在地。One-way ANOVA分析发现，$F(1, 2179) = 33.043$，$p = 0.000$。来自于城市的大学生接受经济学教育的程度（$M = 2.99$；$SD = 0.707$）显著高于来自农村的大学生接受经济学教育的程度（$M = 2.81$；$SD = 0.697$）。

第四，专业。One-way ANOVA分析发现，$F(11, 2169) = 43.055$，$p = 0.000$。由于基于均值所计算的因变量的方差在自变量的各组间不相等，故而，使用Dunnett C多重比较法发现，经济学专业的大学生接受经济学教育的程度显著大于法学、教育学、文学、理学、工学、医学、管理学、艺术类八个专业的大学生关联的接受经济学教育的程度；管理学专业的大学生接受经济学教育的程度显著大于法学、教育学、文学、理学、工学、医学六个专业的大学生关联的接受经济学教育的程度（$\alpha = 0.05$）。各组具体的数据如表4-25、图4-4所示。

表 4 - 25　专业与大学生接受经济学教育的程度之间的关系

专业	频数	均值	标准差
哲学	7	3.14	0.690
经济学	475	3.31	0.604
法学	85	2.65	0.631
教育学	45	2.44	0.693
文学	234	2.68	0.619
历史学	11	2.82	0.751
理学	176	2.55	0.747
工学	417	2.62	0.654
农学	11	2.91	0.539
医学	57	2.49	0.735
管理学	634	3.10	0.626
艺术类	29	2.76	0.689
合计	2181	2.91	0.707

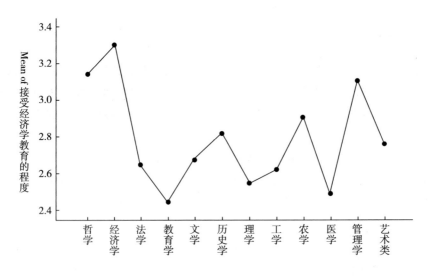

图 4 - 4　专业与大学生接受经济学教育的程度之间的关系

第五，月生活费。One - way ANOVA 分析发现，$F(3, 2177) = 7.603$，$p = 0.000$。由于基于均值所计算的因变量的方差在自变量的各组间不相等，故而，使用 Dunnett C 多重比较法发现，月生活费在 2000 元以上的大学生接受经济学教育的程度远高于月生活费在 800 元及以下、800 ~ 2000 元和"不清楚，没算过"三组大学生接受经济学教育的程度；月生活费在 800 元及以下、800 ~ 2000 元、"不清楚，没算过"三组大学生关于接受经济学教育的程度的反应没有显著差异（$\alpha = 0.05$）。具体数据如表 4 - 26 所示。

表 4 - 26　月生活费与大学生接受经济学教育的程度之间的关系

月生活费	频数	均值	标准差
≤800 元	192	2.85	0.726
800 元 < x≤2000 元	1672	2.90	0.690
2000 元以上	246	3.10	0.755
不清楚，没算过	71	2.76	0.801
合计	2181	2.91	0.707

获取财经知识的途径如表 4 - 27 所示。从表中可以看出，受访者获取财经知识的途径是比较广泛的。从财经新闻中获得财经知识是大学生依赖性最高的一种途径。

表 4 - 27　获取财经知识的途径

获取财经知识的途径	各个途径的频数	某种途径的回应在总回应中的比例（%）	某种途径的回应在总样本中的比例（%）
财经新闻	1549	20.7	71.0
报纸杂志	955	12.8	43.8
有关书籍	1003	13.4	46.0
他人提及	1136	15.2	52.1
学校教育或机构培训	1149	15.4	52.7
社交媒体	1314	17.6	60.2
其他（途径）	373	5.0	17.1
合计	7479	100	342.9

通过 Cross Tabulation 分析，发现获取财经知识的途径在性别、民族、年级、成长所在地、成绩排名、感情状态、月生活费七个变量不同水平之间没有

呈现显著的差异性。

大学生每周学习财经知识的时长如表4-28所示。可以看到，样本总体中有14.2%的大学生在财经知识的学习上没有投入任何时间。

表4-28　每周学习财经知识的时长

类别	频数	比例（%）
不花费任何时间	310	14.2
不超过1小时	914	41.9
1小时<t≤2小时	492	22.6
2小时以上	465	21.3
合计	2181	100

根据学习财经知识的时长的测量答项的四个水平，可以将其看作连续变量。本书把个体人文统计变量作为自变量，把学习财经知识的时长作为因变量，运用One-way ANOVA进行方差分析，有以下个体人文统计变量显著影响大学生学习财经知识的时长。

第一，成长所在地。One-way ANOVA分析发现，$F_{(1, 2179)}=25.409$，$p=0.000$。来自城市的大学生学习财经知识的时长（M=2.61；SD=1.002）显著高于来自农村的大学生学习财经知识的时长（M=2.39；SD=0.941）。

第二，专业。One-way ANOVA分析发现，$F_{(11, 2169)}=38.141$，$p=0.000$。由于基于均值所计算的因变量的方差在自变量的各组间不相等，故而，使用Dunnett C多重比较法发现，经济学专业的大学生学习财经知识的时长显著大于法学、教育学、文学、历史学、理学、工学、医学、管理学八个专业的大学生关联的学习财经知识的时长；管理学专业的大学生学习财经知识的时长显著大于法学、教育学、文学、历史学、理学、工学、医学七个专业的大学生关联的学习财经知识的时长（α=0.05）。各组的具体数据如表4-29、图4-5所示。

表4-29　专业与大学生学习财经知识的时长之间的关系

专业	频数	均值	标准差
哲学	7	2.00	0.577
经济学	475	3.03	0.908

续表

专业	频数	均值	标准差
法学	85	2.08	0.834
教育学	45	2.04	0.824
文学	234	2.08	0.806
历史学	11	1.64	0.505
理学	176	2.09	0.896
工学	417	2.18	0.877
农学	11	2.55	1.036
医学	57	1.98	0.767
管理学	634	2.77	0.968
艺术类	29	2.55	0.910
合计	2181	2.51	0.980

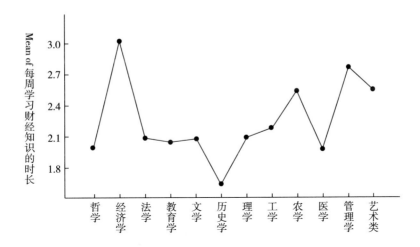

图 4 - 5　专业与大学生学习财经知识的时长之间的关系

第三，个人成绩排名。One - way ANOVA 分析发现，$F_{(3, 2177)} = 2.882$，$p = 0.035$。由于基于均值所计算的因变量的方差在自变量的各组间相等，故而，使用 LSD 多重比较法发现，成绩排名在前 10% 的受访者学习财经知识的时长显著大于成绩排名在 51% ~ 100% 的大学生；成绩排名在 11% ~ 20%、21% ~ 50%、51% ~ 100% 三组的大学生学习财经知识的时长没有显著差异（$\alpha = 0.05$）。各组具体数据如表 4 - 30 所示。

表 4 - 30　个人成绩排名与学习财经知识的时长之间的关系

成绩排名	频数	均值	标准差
前 10%	747	2.58	1.000
11% ~ 20%	637	2.49	0.964
21% ~ 50%	606	2.50	0.958
51% ~ 100%	191	2.36	1.010
合计	2181	2.51	0.980

第四，月生活费。One - way ANOVA 分析发现，$F(3, 2177) = 4.165$，$p = 0.006$。由于基于均值计算的因变量的方差在自变量的各组间相等，故而，使用 LSD 多重比较法发现，月生活费在 2000 元以上的大学生学习财经知识的时长远高于月生活费在 800 元及以下、800 ~ 2000 元两组大学生学习财经知识的时长，但与"不清楚，没算过"的大学生学习财经知识的时长没有显著差异（$\alpha = 0.05$）。具体数据如表 4 - 31 所示。

表 4 - 31　月生活费与大学生学习财经知识的时长之间的关系

月生活费	频数	均值	标准差
≤800 元	192	2.41	0.934
800 元 < x ≤ 2000 元	1672	2.49	0.976
2000 元以上	246	2.71	1.024
不清楚，没算过	71	2.49	0.984
合计	2181	2.51	0.980

大学生日常使用经济学的知识量如表 4 - 32 所示。从表中的数据可以看出，77.1% 的受访者认为平常很少或者一点都没有用到经济学知识。

表 4 - 32　日常使用经济学的知识量

类别	频数	比例（%）
一点都没有	475	21.8
很少	1206	55.3
一些	448	20.5
很多	52	2.4
合计	2181	100

根据日常使用经济学的知识量的测量答项的四个水平，可以将其看作连续变量。本书把个体人文统计变量作为自变量，把日常使用经济学的知识量作为因变量，运用 One – way ANOVA 进行方差分析，有以下个体人文统计变量显著影响大学生日常使用经济学的知识量。

第一，年级。One – way ANOVA 分析发现，$F_{(3, 2177)} = 6.627$，$p = 0.000$。由于基于均值所计算的因变量的方差在自变量的各组间不相等，故而，使用 Dunnett C 多重比较法发现，大一学生日常使用经济学的知识量显著大于大三和大四两组大学生，但与大二学生没有显著差异（$\alpha = 0.05$）。具体数据如表 4 – 33 所示。

表 4 – 33　年级与日常使用经济学的知识量之间的关系

年级	频数	均值	标准差
大一	182	2.20	0.693
大二	1008	2.07	0.744
大三	956	1.98	0.695
大四	35	1.86	0.601
合计	2181	2.04	0.719

第二，专业。One – way ANOVA 分析发现，$F_{(11, 2169)} = 21.827$，$p = 0.000$。由于基于均值所计算的因变量的方差在自变量的各组间不相等，故而，使用 Dunnett C 多重比较法发现，经济学专业的大学生日常使用经济学的知识量显著小于哲学、法学、教育学、文学、理学、工学、医学、管理学、艺术类九个专业的大学生关联的日常使用经济学的知识量；管理学专业的大学生日常使用经济学的知识量显著小于法学、教育学、文学、理学、工学、医学、艺术类七个专业的大学生关联的日常使用经济学的知识量（$\alpha = 0.05$）。各组具体的数据如表 4 – 34、图 4 – 6 所示。

表 4 – 34　专业与大学生日常使用经济学的知识量之间的关系

专业	频数	均值	标准差
哲学	7	2.29	0.951
经济学	475	1.72	0.625
法学	85	2.15	0.699
教育学	45	2.31	0.763

续表

专业	频数	均值	标准差
文学	234	2.24	0.684
历史学	11	2.09	0.701
理学	176	2.35	0.771
工学	417	2.21	0.701
农学	11	1.82	0.751
医学	57	2.42	0.731
管理学	634	1.91	0.675
艺术类	29	2.31	0.660
合计	2181	2.04	0.719

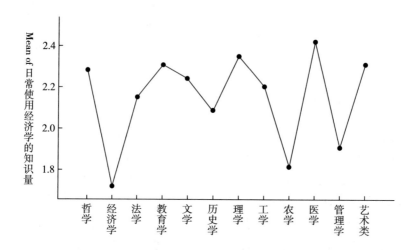

图4-6　专业与大学生日常使用经济学的知识量之间的关系

第三，月生活费。One-way ANOVA 分析发现，F（3，2177）=2.664，p=0.046。由于基于均值所计算的因变量的方差在自变量的各组间相等，故而，使用 LSD 多重比较法发现，月生活费处于"不清楚，没算过"的大学生日常使用经济学的知识量显著大于月生活费在 800～2000 元和在 2000 元以上两组大学生，但与月生活费小于等于 800 元的大学生没有显著差异（α=0.05）。具体数据如表 4-35 所示。

表 4 – 35 月生活费与大学生日常使用经济学的知识量之间的关系

月生活费	频数	均值	标准差
≤800 元	192	2.06	0.749
800 元 < x ≤2000 元	1672	2.03	0.708
2000 元以上	246	1.99	0.764
不清楚，没算过	71	2.25	0.712
合计	2181	2.04	0.719

第五节 财经知识关联的描述统计以及与关键人文统计变量之间的关系

受访者关于 16 道客观财经知识回答的正确率如表 4 – 36 所示。这 16 道题是常识性的财经知识，反映了大学生的基本财经素养水平。数据分析发现，单一问题做对的比例最高的为投资的风险性（高投资高风险的识别），正确率为 89.8%；做对的比例最低的为高回报金融产品的识别，正确率仅为 28.7%。每道题平均的正确率为 58.3%。

表 4 – 36 客观财经知识回答的正确率

客观财经知识	正确数	单个题目回答的正确率（%）
通货膨胀	1032	47.3
单利计算	1758	80.6
借钱中的利息计算	737	33.8
复利计算	1094	50.2
投资的风险性	1959	89.8
通货膨胀和生活成本关系	1438	65.9
股票的风险性	943	43.2
抵押贷款的利息成本	1042	47.8
分散化投资和风险关系	1697	77.8
利率和债券价格的关系	1074	49.2
美元的买入价识别	1014	46.5
高回报金融产品的识别	627	28.7

续表

客观财经知识	正确数	单个题目回答的正确率（%）
收益波动资产的识别	1618	74.2
债券和股票的风险比较	1552	71.2
资产的时间价值	1398	64.1
股票共同基金的含义	1362	62.4

答对客观财经知识题的数量如表 4-37 所示。通过表中的数据可以看出，16 道常识性的客观财经知识问题都回答正确的人数为 7 人，占比为 0.3%；15 道题回答正确的人数为 44 人，占比为 2.3%；8 道题回答正确，也就是 50% 的题回答正确的人数累计占比 73.7%。换言之，另外 50% 的题都无法回答正确的人数的占比为 26.3%。

表 4-37　答对客观财经知识题的数量

回答正确的题的数量	回答正确的人数	回答正确的人的比例（%）	累计的比例（%）
16	7	0.3	0.3
15	44	2.0	2.3
14	124	5.7	8.0
13	209	9.6	17.6
12	265	12.2	29.8
11	308	14.1	43.9
10	249	11.4	55.3
9	215	9.9	65.2
8	186	8.5	73.7
7	149	6.8	80.5
6	106	4.9	85.4
5	83	3.8	89.2
4	68	3.1	92.3
3	51	2.3	94.6
2	39	1.8	96.4
1	42	1.9	98.3
0	36	1.7	100
合计	2181	100	

本书把个体人文统计变量作为自变量，答对客观财经知识题的数量作为因变量，运用 One - way ANOVA 分析工具进行方差分析，有以下个体人文统计变量显著影响大学生答对客观财经知识题的数量。

第一，民族。One - way ANOVA 分析发现，F（1，2179）= 4.026，p = 0.045。汉族学生答对客观财经知识题的数量（M = 9.37；SD = 3.423）显著高于少数民族学生答对客观财经知识题的数量（M = 8.78；SD = 3.925）。

第二，年级。One - way ANOVA 分析发现，F（3，2177）= 7.255，p = 0.000。由于基于均值所计算的因变量的方差在自变量的各组间不相等，故而，使用 Dunnett C 多重比较法发现，大一学生答对客观财经知识题的数量显著小于大三和大四两个年级的学生，与大二年级的学生无显著差异；大三学生答对客观财经知识题的数量与大四学生无显著差异（α = 0.05）。各组具体数据如表 4 - 38 所示。答对客观财经知识题的数量整体上呈随年级的提高而提高的态势。

表 4 - 38　年级与答对客观财经知识题的数量之间的关系

年级	频数	均值	标准差
大一	182	8.59	2.775
大二	1008	9.14	3.491
大三	956	9.63	3.539
大四	35	10.31	2.598
合计	2181	9.33	3.461

第三，成长所在地。One - way ANOVA 分析发现，F（1，2179）= 10.735，p = 0.000。来自城市的大学生答对客观财经知识题的数量（M = 9.55；SD = 3.498）显著高于来自农村的大学生答对客观财经知识题的数量（M = 9.06；SD = 3.399）。

第四，专业。One - way ANOVA 分析发现，F（11，2169）= 15.220，p = 0.000。由于基于均值所计算的因变量的方差在自变量的各组间不相等，故而，使用 Dunnett C 多重比较法发现，经济学专业的学生答对客观财经知识题的数量显著大于教育学、文学、理学、工学、艺术类五个专业的学生答对客观财经知识题的数量；管理学专业的大学生答对客观财经知识题的数量显著大于教育学、文学、理学、工学、艺术类五个专业的学生答对客观财经知识题的数量（α = 0.05）。各组具体数据如表 4 - 39 所示。

表4-39 专业与大学生答对客观财经知识题的数量之间的关系

专业	频数	均值	标准差
哲学	7	9.29	5.024
经济学	475	10.23	3.284
法学	85	9.32	3.148
教育学	45	8.31	2.976
文学	234	7.90	3.437
历史学	11	10.27	3.101
理学	176	8.45	3.683
工学	417	8.52	3.549
农学	11	8.18	4.895
医学	57	9.11	3.336
管理学	634	10.14	3.109
艺术类	29	7.41	3.354
合计	2181	9.33	3.461

第五，个人成绩排名。One-way ANOVA 分析发现，$F_{(3, 2177)} = 2.765$，$p = 0.041$。由于基于均值所计算的因变量的方差在自变量的各组间相等，故而，使用 LSD 多重比较法发现，成绩排名在前 10% 的受访者答对客观财经知识题的数量显著大于成绩排名在 51%~100% 的大学生，成绩排名在前 10% 的受访者答对客观财经知识题的数量与成绩排名在 11%~20%、21%~50% 两组的大学生无显著差异；成绩排名在 51%~100% 的大学生答对客观财经知识题的数量显著小于成绩排名在前 10%、11%~20%、21%~50% 三组的大学生（$\alpha = 0.05$）。整体上呈现出随着成绩排名的下降，答对客观财经知识题的数量也呈下降态势。各组的具体数据如表4-40所示。

表4-40 个人成绩排名与答对客观财经知识题的数量之间的关系

成绩排名	频数	均值	标准差
前 10%	747	9.47	3.529
11%~20%	637	9.34	3.445
21%~50%	606	9.35	3.382
51%~100%	191	8.66	3.449
合计	2181	9.33	3.461

第六，月生活费。One – way ANOVA 分析发现，F（3，2177）=9.363，p＝0.000。由于基于均值所计算的因变量的方差在自变量的各组间相等，故而，使用 LSD 多重比较法发现，月生活费在 2000 元以上的大学生答对客观财经知识题的数量远高于月生活费在 800 元及以下、"不清楚，没算过"两组大学生答对客观财经知识题的数量，但月生活费在 800～2000 元的大学生答对客观财经知识题的数量没有显著差异（α＝0.05）。具体数据如表 4 – 41 所示。

表 4 – 41　月生活费与答对客观财经知识题的数量之间的关系

月生活费	频数	均值	标准差
≤800 元	192	8.60	3.559
800 元 < x ≤ 2000 元	1672	9.43	3.401
2000 元以上	246	9.66	3.560
不清楚，没算过	71	7.70	3.647
合计	2181	9.33	3.461

自我评估的财经知识如表 4 – 42 所示。从表中的数据可以看出，自我评估财经知识低于中等水平的大学生累计达到 29.0%；自我评估财经知识高于中等水平的大学生累计达到 32.8%。

表 4 – 42　自我评估的财经知识

水平	频数	比例（%）	累计比例（%）
非常低	35	1.6	1.6
低	145	6.6	8.2
有些低	453	20.8	29.0
一般	833	38.2	67.2
有些高	525	24.1	91.3
高	136	6.2	97.5
非常高	54	2.5	100.0
合计	2181	100	

自我评估财经知识和客观财经知识之间的关系。通过多种非线性函数的拟合，本书发现二次曲线方程（Quadratic）更能拟合自我评估财经知识和客观财经知识之间的关系。拟合的二次曲线函数表达式为：

客观财经知识 $= 5.011 - 0.182 \text{selfassessedFK}^2 + 1.862 \text{selfassessedFK}$

函数的方差检验显著，F（2，2178）= 30.810，p = 0.000 < 0.001；上述二次曲线函数中的系数均在 α = 0.001 的水平上显著，R^2 = 0.028，adjusted R^2 = 0.027。上述函数描述的两者关系如图4-7所示。

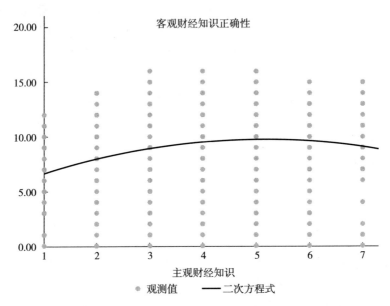

图4-7 自我评估的财经知识和客观财经知识之间的关系

由此可见，随着自我评估知识的提高，答对客观知识题的数量随之提高，自我评估知识处于5级的水平，答对客观知识题的数量达到最高峰，随着自我评估知识的提高，答对客观知识题的数量则处于下降状态。

第六节　参与自己家庭的金钱决策的描述统计以及与关键人文统计变量之间的关系

频数分析发现，64.9%的大学生参与家庭的金钱决策，另有35.1%的大学生不会参与家庭的金钱决策。

本项目把性别、成长所在地和是否是独生子女三个二分变量作为列变量，参与家庭的金钱决策作为行变量，运用 Cross Tabulation 工具和 Pearson Chi-Square 检验，分析列变量和行变量之间的关系。数据分析发现，性别和成长所在地均没有对参与家庭的金钱决策产生显著影响，只有独生子女产生了显著效应。

当大学生是独生子女时，更会参与家庭的金钱决策；当大学生不是独生子女时，更不会参与家庭的金钱决策（Pearson Chi – Square（df = 1）= 19.237，p = 0.000）。是否是独生子女与参与家庭的金钱决策之间的关系如表 4 – 43 所示。

表 4 –43　是否是独生子女与参与家庭的金钱决策之间的关系

是否是独生子女	决策	参与家庭的金钱决策		合计
		不会	会	
是	Count	309a	711b	1020
	% within 参与家庭的金钱决策	40.4%	50.2%	46.8%
否	Count	456a	705b	1161
	% within 参与家庭的金钱决策	59.6%	49.8%	53.2%
	Count	765	1416	2181
	% within 参与家庭的金钱决策	100.0%	100.0%	100.0%

注：a、b 代表在 α = 0.05 水平上，同一选项在参与家庭的金钱决策之间的差异性。

第七节　入不敷出时的决策关联的描述统计以及与关键人文统计变量之间的关系

大学生入不敷出时的决策选择如表 4 – 44 所示。从表中的数据可以看出，当大学生面临入不敷出的窘迫时，从节流的角度看，59.4% 的受访者选择了减少支出。从开源的角度看，21.6% 的受访者选择了打零工赚钱；8.1% 的受访者选择向父母要。从拥有的东西变现的角度看，6.4% 的受访者选择出售所拥有的东西。从借款的角度看，1.1% 的受访者选择向同学借款；0.6% 的受访者选择网络借贷。另外，还有 2.8% 的受访者不知道怎么办。

表 4 –44　大学生入不敷出时的决策

决策	频数	比例（%）
减少支出	1295	59.4
出售所拥有的东西	140	6.4
打零工赚钱	471	21.6
向父母要	176	8.1
向同学借款	23	1.1
网络借贷	14	0.6
不知道	62	2.8
合计	2181	100

本书把性别、成长所在地和是否是独生子女三个二分变量作为列变量，入不敷出时的决策作为行变量，运用 Cross Tabulation 工具和 Pearson Chi – Square 检验，分析列变量和行变量之间的关系。数据分析发现，这三个列变量都显著影响大学生入不敷出时的决策。

第一，性别。Pearson Chi – Square（df = 6）= 25.602，p = 0.000。性别和入不敷出时的决策之间的关系的 Cross Tabulation 如表 4 – 45 所示。在 α = 0.05 水平上，女性相比男性更倾向于减少支出；男性相比女性更倾向于出售所拥有的东西或者向同学借款。

表 4 – 45　性别和入不敷出时的决策之间的关系

决策		性别		合计
		男	女	
减少支出	Count	294a	1001b	1295
	% within 性别	55.2%	60.7%	59.4%
出售所拥有的东西	Count	48a	92b	140
	% within 性别	9.0%	5.6%	6.4%
打零工赚钱	Count	110	361	471
	% within 性别	20.6%	21.9%	21.6%
向父母要	Count	43	133	176
	% within 性别	8.1%	8.1%	8.1%
向同学借款	Count	13a	10b	23
	% within 性别	2.4%	0.6%	1.1%
网络借贷	Count	5	9	14
	% within 性别	0.9%	0.5%	0.6%
不知道	Count	20	42	62
	% within 性别	3.8%	2.5%	2.8%
合计	Count	533	1648	2181
	% within 性别	100%	100%	100%

注：a、b 代表在 α = 0.05 水平上，同一选项在性别之间的差异性。

第二，成长所在地。Pearson Chi – Square（df = 6）= 43.384，p = 0.000。成长所在地和入不敷出时的决策之间的关系的 Cross Tabulation 如表 4 – 46 所示。在 α = 0.05 水平上，来自城市的大学生比来自农村的大学生更倾向于出售所拥有的东西或者向父母要钱；来自农村的大学生比来自城市的大学生更倾向于打零工赚钱或者向同学借款。

表 4 – 46　成长所在地和入不敷出时的决策之间的关系

决策		成长所在地		合计
		农村	城市	
减少支出	Count	565	730	1295
	% within 成长所在地	57.2%	61.1%	59.4%
出售所拥有的东西	Count	47a	93b	140
	% within 成长所在地	4.8%	7.8%	6.4%
打零工赚钱	Count	260a	211b	471
	% within 成长所在地	26.3%	17.7%	21.6%
向父母要	Count	60a	116b	176
	% within 成长所在地	6.1%	9.7%	8.1%
向同学借款	Count	16a	7b	23
	% within 成长所在地	1.6%	0.6%	1.1%
网络借贷	Count	7	7	14
	% within 成长所在地	0.7%	0.6%	0.6%
不知道	Count	32	30	62
	% within 成长所在地	3.2%	2.5%	2.8%
合计	Count	987	1194	2181
	% within 成长所在地	100%	100%	100%

注：a、b 代表在 α = 0.05 水平上，同一选项在成长所在地之间的差异性。

第三，是否是独生子女。Pearson Chi – Square （df = 6） = 26.922，p = 0.000。是否是独生子女和入不敷出时的决策之间的关系的 Cross Tabulation 如表 4 – 47 所示。在 α = 0.05 水平上，独生子女相比非独生子女而言更倾向于减少支出；非独生子女相比独生子女而言更倾向于打零工赚钱。

表 4 – 47　是否是独生子女和入不敷出时的决策之间的关系

决策		是否是独生子女		合计
		是	否	
减少支出	Count	631a	664b	1295
	% within 独生子女	61.9%	57.2%	59.4%
出售所拥有的东西	Count	76	64	140
	% within 独生子女	7.5%	5.5%	6.4%

决策		是否是独生子女		合计
		是	否	
打零工赚钱	Count	173a	298b	471
	% within 独生子女	17.0%	25.7%	21.6%
向父母要	Count	91	85	176
	% within 独生子女	8.9%	7.3%	8.1%
向同学借款	Count	10	13	23
	% within 独生子女	1.0%	1.1%	1.1%
网络借贷	Count	8	6	14
	% within 独生子女	0.8%	0.5%	0.6%
不知道	Count	31	31	62
	% within 独生子女	3.0%	2.7%	2.8%
合计	Count	1020	1161	2181
	% within 独生子女	100%	100%	100%

注：a、b 代表在 $\alpha = 0.05$ 水平上，同一选项在是否是独生子女之间的差异性。

第八节　预算

一、预算习惯的描述统计以及与关键人文统计变量之间的关系

预算习惯的描述性统计结果如表 4 - 48 所示。从表中的数据可以判断，5.7% 的受访者从不做预算；3.9% 的受访者总是使用预算。总体来讲，绝大多数大学生比较清楚预算在日常生活中的作用，预算已经成为他们的一种思维习惯。

表 4 - 48　预算习惯的描述性统计结果

水平	频数	比例（%）
从不	125	5.7
偶尔	807	37.0
一般	785	36.0
经常	379	17.4
总是使用预算	85	3.9

本书把个人和家庭的人文统计变量作为列变量，预算习惯作为行变量，运用 Cross Tabulation 工具和 Pearson Chi-Square 检验，分析列变量和行变量之间的关系，有以下人文统计变量显著影响大学生的预算习惯。

第一，成长所在地。Pearson Chi-Square（df=4）=9.621，p=0.047，数据分析发现，来自城市的大学生在总是使用预算的比例上显著高于来自农村的大学生；来自农村的大学生在偶尔使用预算的比例上显著高于来自城市的大学生（α=0.05）。具体数据如表 4-49 所示。

表 4-49　成长所在地与大学生预算习惯之间的关系

决策		成长所在地		合计
		农村	城市	
从不	Count	55	70	125
	% within 成长所在地	5.6%	5.9%	5.7%
偶尔	Count	389a	418b	807
	% within 成长所在地	39.4%	35.0%	37.0%
一般	Count	350	435	785
	% within 成长所在地	35.5%	36.4%	36.0%
经常	Count	166	213	379
	% within 成长所在地	16.8%	17.8%	17.4%
总是使用预算	Count	27a	58b	85
	% within 成长所在地	2.7%	4.9%	3.9%
合计	Count	987	1194	2181
	% within 成长所在地	100%	100%	100%

注：a、b 代表在 α=0.05 水平上，同一选项在成长所在地之间的差异性。

第二，成绩排名。Pearson Chi-Square（df=12）=22.711，p=0.030，数据分析发现，成绩排名在 21%~50% 的大学生和成绩排名在 51%~100% 的大学生在从不预算的比例上无显著差异，但是成绩排名在 21%~50% 的大学生在从不预算的比例上显著高于成绩排名在前 10% 和 11%~20% 两组的大学生（α=0.05）。具体数据如表 4-50 所示。

表 4-50　成绩排名与大学生预算习惯之间的关系

决策		成绩排名				合计
		前 10%	11%~20%	21%~50%	51%~100%	
从不	Count	35a	26a	52b	12a, b	125
	% within 成绩排名	4.7%	4.1%	8.6%	6.3%	5.7%

决策		成绩排名				合计
		前10%	11%~20%	21%~50%	51%~100%	
偶尔	Count	279	247	207	74	807
	% within 成绩排名	37.3%	38.8%	34.2%	38.7%	37.0%
一般	Count	263	231	233	58	785
	% within 成绩排名	35.2%	36.3%	38.4%	30.4%	36.0%
经常	Count	140	106	96	37	379
	% within 成绩排名	18.7%	16.6%	15.8%	19.4%	17.4%
总是使用预算	Count	30	27	18	10	85
	% within 成绩排名	4.0%	4.2%	3.0%	5.2%	3.9%
合计	Count	747	637	606	191	2181
	% within 成绩排名	100%	100%	100%	100%	100%

注：a、b 代表在 $\alpha=0.05$ 水平上，同一选项在成绩排名之间的差异性。

第三，父亲的受教育程度。Pearson Chi – Square（df = 12）= 33.590，p = 0.001。数据分析发现，父亲的受教育程度为初中及以下的大学生偶尔预算的比例显著高于父亲的受教育程度为大学本科/大专的大学生偶尔预算的比例（$\alpha=0.05$）。具体数据如表 4 – 51 所示。

表 4 –51　父亲的受教育程度与预算习惯之间的关系

决策		初中及以下	高中/中专技校	大学本科/大专	硕士及以上	合计
从不	Count	56	32	30	7	125
	% within 父亲的受教育程度	5.7%	5.2%	5.7%	14.0%	5.7%
偶尔	Count	408a	217a, b	170b	12a, b	807
	% within 父亲的受教育程度	41.4%	35.0%	32.4%	24.0%	37.0%
一般	Count	335	235	201	14	785
	% within 父亲的受教育程度	34.0%	37.9%	38.3%	28.0%	36.0%
经常	Count	156	115	96	12	379
	% within 父亲的受教育程度	15.8%	18.5%	18.3%	24.0%	17.4%
总是使用预算	Count	31	21	28	5	85
	% within 父亲的受教育程度	3.1%	3.4%	5.3%	10.0%	3.9%

决策		初中及以下	高中/中专/技校	大学本科/大专	硕士及以上	合计
合计	Count	986	620	525	50	2181
	% within 父亲的受教育程度	100%	100%	100%	100%	100%

注：a、b代表在α=0.05水平上，同一选项在父亲的受教育程度之间的差异性。

第四，母亲的受教育程度。Pearson Chi - Square（df = 12）= 35.160，p = 0.000，数据分析发现，母亲的受教育程度为硕士及以上的大学生总是使用预算的比例显著高于母亲的受教育程度为硕士以下的大学生（α = 0.05）。具体数据如表4 - 52所示。

表4 - 52　母亲的受教育程度与预算习惯之间的关系

决策		初中及以下	高中/中专/技校	大学本科/大专	硕士及以上	合计
从不	Count	66	27	28	4	125
	% within 母亲的受教育程度	5.8%	4.6%	6.5%	13.8%	5.7%
偶尔	Count	443	210	148	6	807
	% within 母亲的受教育程度	39.2%	35.6%	34.3%	20.7%	37.0%
一般	Count	388	227	161	9	785
	% within 母亲的受教育程度	34.3%	38.5%	37.3%	31.0%	36.0%
经常	Count	196	100	79	4	379
	% within 母亲的受教育程度	17.3%	16.9%	18.3%	13.8%	17.4%
总是使用预算	Count	37a	26a	16a	6b	85
	% within 母亲的受教育程度	3.3%	4.4%	3.7%	20.7%	3.9%
合计	Count	1130	590	432	29	2181
	% within 母亲的受教育程度	100%	100%	100%	100%	100%

注：a、b代表在α=0.05水平上，同一选项在母亲的受教育程度之间的差异性。

二、预算意向的描述统计以及与关键人文统计变量之间的关系

预算意向关联的三个题项的描述性统计结果如表4 - 53至表4 - 55所示。

表4-53 "我计划使用财务预算"的描述性统计结果

水平	频数	比例（%）
完全不同意	142	6.5
基本不同意	268	12.3
中立	718	32.9
基本同意	829	38.0
完全同意	224	10.3
合计	2181	100

均值：3.33；标准差：1.032

表4-54 "我打算保持财务预算"的描述性统计结果

水平	频数	比例（%）
完全不同意	112	5.1
基本不同意	261	12.0
中立	715	32.8
基本同意	840	38.5
完全同意	253	11.6
合计	2181	100

均值：3.39；标准差：1.009

表4-55 "对我重要的大多数人都认为我需要做预算"的描述性统计结果

水平	频数	比例（%）
完全不同意	146	6.7
基本不同意	357	16.4
中立	978	44.8
基本同意	543	24.9
完全同意	157	7.2
合计	2181	100

均值：3.10；标准差：0.980

将预算意向的三个题项加总求平均值，记为预算意向的因子分。它的均值为3.27，标准差为0.856。本书把个人和家庭的人文统计变量作为自变量，预算意向作为因变量，运用 One - way ANOVA 进行方差分析，有以下人文统计变量显著影响大学生的预算意向。

第一，性别。One‑way ANOVA 分析发现，$F_{(1, 2179)} = 7.659$，$p = 0.006$。女性的预算意向（$M = 3.30$；$SD = 0.834$）显著高于男性的预算意向（$M = 3.19$；$SD = 0.915$）。

第二，成长所在地。One‑way ANOVA 分析发现，$F_{(1, 2179)} = 4.523$，$p = 0.034$。来自城市的大学生的预算意向（$M = 3.31$；$SD = 0.877$）显著高于来自农村的大学生的预算意向（$M = 3.23$；$SD = 0.829$）。

第三，月生活费。One‑way ANOVA 分析发现，$F_{(3, 2177)} = 3.219$，$p = 0.022$。由于基于均值所计算的因变量的方差在自变量的各组间相等，故而，使用 LSD 多重比较法发现，月生活费在 800 元及以下的大学生的预算意向远低于月生活费在 800 ~ 2000 元以及"不清楚，没算过"的两组大学生的预算意向，但它与月生活费在 2000 元以上的大学生的预算意向无显著差异（$\alpha = 0.05$）。各组的具体数据如表 4 – 56 所示。

表 4 – 56　月生活费与大学生的预算意向之间的关系

月生活费	频数	均值	标准差
≤800 元	192	3.11	0.870
800 元 < x ≤ 2000 元	1672	3.30	0.838
2000 元以上	246	3.22	0.936
不清楚，没算过	71	3.35	0.904
合计	2181	3.27	0.856

第四，母亲的职业。One‑way ANOVA 分析发现，$F_{(9, 2171)} = 1.939$，$p = 0.043$。由于基于均值计算的因变量的方差在自变量的各组间相等，故而，使用 LSD 多重比较法发现，母亲的职业为企事业单位的管理人员、技术工人和政府或企事业单位普通员工的大学生的预算意向分别显著高于母亲的职业为务农和待业两种职业对应的大学生的预算意向（$\alpha = 0.05$）。各组的具体数据如表 4 – 57、图 4 – 8 所示。

表 4 – 57　母亲的职业与大学生的预算意向之间的关系

母亲的职业	频数	均值	标准差
政府机关、党群组织的负责人或中高级官员	54	3.25	0.937
企事业单位的管理人员	129	3.40	0.839
专业技术人员或其他专业人士	51	3.41	0.883

续表

母亲的职业	频数	均值	标准差
技术工人	100	3.42	0.830
政府或企事业单位普通员工	308	3.33	0.816
个体户	346	3.30	0.891
自由职业者（泛指自由作家、动画师、程序员、配音师等自由工作的脑力劳动者）	34	3.44	0.680
务农	390	3.20	0.853
其他职业	504	3.25	0.838
待业	265	3.17	0.896
合计	2181	3.27	0.856

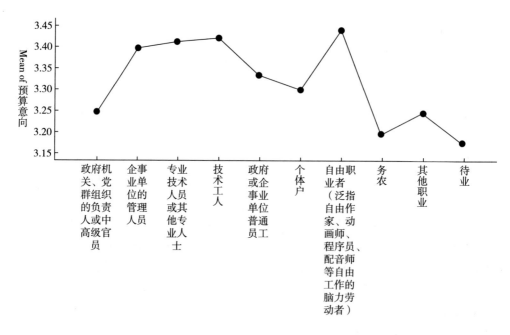

图4-8　母亲的职业与大学生的预算意向之间的关系

第五，母亲的受教育程度。One - way ANOVA 分析发现，F（3，2177）=4.112，p=0.006。由于基于均值所计算的因变量的方差在自变量的各组间相等，故而，使用 LSD 多重比较法发现，母亲的受教育程度为大学本科/大专的大学生的预算意向显著高于母亲的受教育程度为初中及以下、高中/中专/技校和硕士及以上三组对应的大学生的预算意向（α = 0.05）。总体而言，母亲的受教育程度和大学生的预算意向之间呈现出倒"U"形的关系。各组具体的数据如表4 – 58 所示。

表4 – 58 母亲的受教育程度与大学生的预算意向之间的关系

受教育程度	频数	均值	标准差
初中及以下	1130	3.25	0.856
高中/中专/技校	590	3.25	0.837
大学本科/大专	432	3.40	0.864
硕士及以上	29	3.06	0.992
合计	2181	3.27	0.856

第六，家庭月收入。One – way ANOVA 分析发现，$F_{(3, 2177)} = 6.590$，$p = 0.000$。LSD 多重比较法发现，家庭月收入在 5000 元及以下的大学生的预算意向显著低于家庭月收入在 5000 ~ 10000 元以及 10000 ~ 20000 元两组对应的大学生的预算意向，但它与家庭月收入在 20000 元以上的大学生的预算意向无显著差异（α = 0.05）。具体数据如表4 – 59 所示。

表4 – 59 家庭月收入与大学生的预算意向之间的关系

家庭月收入	频数	均值	标准差
≤5000 元	786	3.17	0.864
5000 元 < x ≤10000 元	799	3.32	0.818
10000 元 < x ≤20000 元	411	3.38	0.847
20000 元以上	185	3.28	0.958
合计	2181	3.27	0.856

第七，评估的父母财经知识。评估的父母财经知识和大学生的预算意向之间的 Pearson 相关系数为 0.063（α = 0.01），即评估的父母财经知识越高，大学生的预算意向越高。

三、维持预算的自我效能的描述统计以及与关键人文统计变量之间的关系

维持预算的自我效能关联的两个题项的描述性统计结果如表4 – 60、表4 – 61 所示。

表 4-60 "我相信我有能力维持预算"的描述性统计结果

水平	频数	比例（%）
完全不同意	92	4.2
基本不同意	218	10.0
中立	729	33.4
基本同意	908	41.6
完全同意	234	10.7
合计	2181	100

均值：3.45；标准差：0.957

表 4-61 "如果完全由我自己决定，我对自己能维持预算很有信心"的描述性统计结果

水平	频数	比例（%）
完全不同意	89	4.1
基本不同意	246	11.3
中立	797	36.5
基本同意	818	37.5
完全同意	231	10.6
合计	2181	100

均值：3.39；标准差：0.960

　　将维持预算的自我效能关联的两个题项加总求均值，记为因子分，该因子分的均值为 3.42，标准差为 0.894。本书把个人和家庭的人文统计变量作为自变量，维持预算的自我效能作为因变量，运用 One - way ANOVA 进行方差分析，有以下人文统计变量显著影响大学生维持预算的自我效能。

　　第一，成长所在地。One - way ANOVA 分析发现，$F_{(1, 2179)} = 8.667$，$p = 0.003$。来自城市的大学生维持预算的自我效能（M = 3.471；SD = 0.894）显著高于来自农村的大学生维持预算的自我效能（M = 3.358；SD = 0.871）。

　　第二，成绩排名。One - way ANOVA 分析发现，$F_{(3, 2177)} = 5.497$，$p = 0.001$。由于基于均值所计算的因变量的方差在自变量的各组间相等，故而，使用 LSD 多重比较法发现，成绩排名在前 10% 的受访者维持预算的自我效能显著高于成绩排名在 21% ~ 50% 和 51% ~ 100% 两组对应的大学生，但它与个人成绩排名在11% ~20%的大学生维持预算的自我效能无显著差异（α = 0.05）。总体而言，随着个人成绩排名的下降，大学生维持预算的自我效能呈下降的态势。具体数据如表4-62所示。

表4-62 大学生成绩排名与维持预算的自我效能之间的关系

成绩排名	样本量	均值	标准差
前10%	747	3.48	0.895
11% ~20%	637	3.45	0.870
21% ~50%	606	3.38	0.875
51% ~100%	191	3.20	0.992
合计	2181	3.42	0.894

第三，母亲的职业。One-way ANOVA分析发现，$F_{(9, 2171)} = 2.073$，$p = 0.029$。由于基于均值所计算的因变量的方差在自变量的各组间相等，故而，使用LSD多重比较法发现，母亲的职业为政府或企事业单位普通员工的大学生维持预算的自我效能显著高于母亲的职业为个体户、务农、其他职业、待业的大学生（α = 0.05）。各组的具体数据如表4-63、图4-9所示。

表4-63 母亲的职业与大学生维持预算的自我效能之间的关系

母亲的职业	频数	均值	标准差
政府机关、党群组织的负责人或中高级官员	54	3.43	0.964
企事业单位的管理人员	129	3.50	0.921
专业技术人员或其他专业人士	51	3.41	0.978
技术工人	100	3.52	0.897
政府或企事业单位普通员工	308	3.57	0.860
个体户	346	3.39	0.853
自由职业者（泛指自由作家、动画师、程序员、配音师等自由工作的脑力劳动者）	34	3.63	0.781
务农	390	3.34	0.918
其他职业	504	3.38	0.886
待业	265	3.38	0.916
合计	2181	3.42	0.894

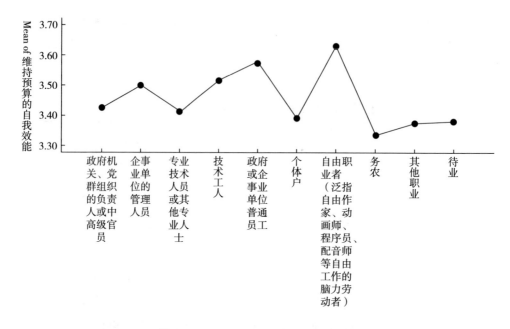

图 4 - 9　母亲的职业与大学生维持预算的自我效能之间的关系

第四，母亲的受教育程度。One - way ANOVA 分析发现，$F_{(3, 2177)}$ = 5.275，$p = 0.001$。由于基于均值所计算的因变量的方差在自变量的各组间相等，故而，使用 LSD 多重比较法发现，母亲的受教育程度为大学本科/大专的大学生维持预算的自我效能显著高于母亲的受教育程度为初中及以下和高中/中专/技校的大学生维持预算的自我效能，但它与母亲的受教育程度为硕士及以上的大学生维持预算的自我效能无显著差异（$\alpha = 0.05$）。各组的具体数据如表 4 - 64 所示。

表 4 - 64　母亲的受教育程度与大学生维持预算的自我效能之间的关系

受教育程度	频数	均值	标准差
初中及以下	1130	3.377	0.902
高中/中专/技校	590	3.392	0.847
大学本科/大专	432	3.572	0.913
硕士及以上	29	3.397	1.012
合计	2181	3.420	0.894

第五，家庭成员健康状况和评估的父母财经知识。家庭成员健康状况和大

学生维持预算的自我效能之间的 Pearson 相关系数为 0.054（α=0.05），即家庭成员健康状况越好，大学生维持预算的自我效能则越高。评估的父母财经知识和大学生维持预算的自我效能之间的 Pearson 相关系数为 0.092（α=0.01），即评估的父母财经知识越高，大学生维持预算的自我效能则越高。

第六，是否是独生子女。One-way ANOVA 分析发现，$F(1, 2179)=7.661$，$p=0.006$。独生子女维持预算的自我效能（M=3.476；SD=0.899）显著高于非独生子女维持预算的自我效能（M=3.336；SD=0.887）。

第七，家庭月收入。One-way ANOVA 分析发现，$F(3, 2177)=6.583$，$p=0.000$。LSD 多重比较法发现，家庭月收入在 5000 元及以下的大学生维持预算的自我效能显著低于家庭月收入在 5000 元以上三组对应的大学生维持预算的自我效能。家庭月收入在 5000～10000 元的大学生维持预算的自我效能显著大于家庭月收入在 5000 元及以下的大学生，但前者又与家庭月收入在 10000～20000 元和 20000 元以上的两组大学生的维持预算的自我效能无显著差异（α=0.05）。整体而言，家庭月收入越高，大学生维持预算的自我效能则越强。具体数据如表 4-65 所示。

表 4-65　家庭月收入与大学生维持预算的自我效能之间的关系

家庭月收入	频数	均值	标准差
≤5000 元	786	3.31	0.906
5000 元 < x ≤ 10000 元	799	3.45	0.858
10000 元 < x ≤ 20000 元	411	3.52	0.890
20000 元以上	185	3.52	0.961
合计	2181	3.42	0.894

第九节　认知需求的描述统计以及对其存在显著效应的人文统计变量

认知需求三个关联题项的描述性统计结果如表 4-66 至表 4-68 所示。三个表中的数据是已经完成反向编码后的频数和比例。从反向计量来看，三个题项的均值均大于 3，标准差大于 1，说明大学生的认知需求比较高，但总体分布离散程度高。

表 4–66 "我不想做很多思考"的描述性统计结果（反向编码）

水平	频数	比例（%）
完全不同意	56	2.6
不同意	187	8.6
有些不同意	553	25.4
有些同意	806	37.0
同意	415	19.0
完全同意	164	7.5
合计	2181	100

均值：3.84；标准差：1.137

表 4–67 "我尽量避免需要深入思考某些内容的情况"的
描述性统计结果（反向编码）

水平	频数	比例（%）
完全不同意	52	2.4
不同意	193	8.8
有些不同意	575	26.4
有些同意	773	35.4
同意	416	19.1
完全同意	172	7.9
合计	2181	100

均值：3.84；标准差：1.146

表 4–68 "苦苦思索很长时间，使我几乎没有满足感"的
描述性统计结果（反向编码）

水平	频数	比例（%）
完全不同意	56	2.6
不同意	218	10.0
有些不同意	593	27.2
有些同意	772	35.4
同意	399	18.3
完全同意	143	6.6
合计	2181	100

均值：3.77；标准差：1.137

本书将认知需求三个关联的题项加总求均值，记为该变量的因子分。它的均值为3.81，标准差为0.962。本书把个人和家庭的人文统计变量作为自变量，把认知需求作为因变量，运用One - way ANOVA 进行方差分析，有以下人文统计变量显著影响大学生的认知需求。

第一，性别。One - way ANOVA 分析发现，$F (1, 2179) = 7.905$，$p = 0.005$。女性的认知需求（$M = 3.85$；$SD = 0.919$）显著高于男性（$M = 3.71$；$SD = 1.079$）。

第二，年级。One - way ANOVA 分析发现，$F (3, 2177) = 4.475$，$p = 0.015$。由于基于均值计算的因变量的方差在自变量的各组间相等，故而，使用LSD 多重比较法发现，大一学生的认知需求显著高于大二和大三两个年级的学生关联的认知需求，但它与大四学生的认知需求无显著差异；大二学生的认知需求与大三、大四学生的认知需求无显著差异（$\alpha = 0.05$）。各组的具体数据如表4 - 69 所示。

表4 - 69　年级与大学生认知需求之间的关系

年级	频数	均值	标准差
大一	182	4.02	1.048
大二	1008	3.81	0.951
大三	956	3.78	0.958
大四	35	3.70	0.822
合计	2181	3.81	0.962

第三，成长所在地。One - way ANOVA 分析发现，$F (1, 2179) = 6.243$，$p = 0.013$。来自城市的大学生的认知需求（$M = 3.86$；$SD = 1.02$）显著高于来自农村的大学生的认知需求（$M = 3.76$；$SD = 0.880$）。

第四，个人成绩排名。One - way ANOVA 分析发现，$F (3, 2177) = 3.681$，$p = 0.012$。由于基于均值计算的因变量的方差在自变量的各组间不相等，故而，使用Dunnett C 多重比较法发现，成绩排名在前10%的受访者和成绩排名在11% ~ 20%的受访者的认知需求显著高于成绩排名在51% ~ 100%的受访者的认知需求，但前两者又与个人成绩排名20% ~ 50%的受访者的认知需求无显著差异（$\alpha = 0.05$）。整体而言，随着个人成绩排名次序的下降，认知需求呈下降的态势。各组的具体数据如表4 - 70 所示。

表4-70　个人成绩排名与大学生认知需求之间的关系

成绩排名	频数	均值	标准差
前10%	747	3.85	1.000
11%～20%	637	3.82	0.922
21%～50%	606	3.83	0.919
51%～100%	191	3.60	1.052
合计	2181	3.81	0.962

第五，感情状态。One - way ANOVA 分析发现，$F_{(2, 2178)} = 8.409$，$p = 0.000$。使用 LSD 多重比较法发现，处于恋爱状态的大学生（$M = 3.739$；$SD = 0.982$）和处于其他状态的大学生（$M = 3.315$；$SD = 1.192$）认知需求显著低于处于单身状态的大学生的认知需求（$M = 3.853$；$SD = 0.9445$）（$\alpha = 0.05$）。具体数据如表4-71所示。

表4-71　感情状态与大学生认知需求之间的关系

感情状态	频数	均值	标准差
单身	1569	3.85	0.944
恋爱	575	3.74	0.982
其他	37	3.32	1.191
合计	2181	3.81	0.962

第六，母亲的职业。One - way ANOVA 分析发现，$F_{(9, 2171)} = 2.596$，$p = 0.006$。由于基于均值计算的因变量的方差在自变量的各组间不相等，故而，使用 Dunnett C 多重比较法发现，母亲的职业为政府机关、党群组织的负责人或中高级官员的大学生的认知需求显著低于母亲的职业为企事业单位的管理人员、专业技术人员或其他专业人士、技术工人、政府或企事业单位普通员工、个体户、务农、其他职业、待业的大学生的认知需求，但它与母亲为自由职业者的大学生的认知需求无显著差异（$\alpha = 0.05$）。各组的具体数据如表4-72所示。

表4-72　母亲的职业与大学生认知需求之间的关系

母亲的职业	频数	均值	标准差
政府机关、党群组织的负责人或中高级官员	54	3.44	1.131
企事业单位的管理人员	129	3.91	1.118

续表

母亲的职业	频数	均值	标准差
专业技术人员或其他专业人士	51	3.82	1.042
技术工人	100	3.90	0.844
政府或企事业单位普通员工	308	3.98	0.934
个体户	346	3.76	1.006
自由职业者（泛指自由作家、动画师、 程序员、配音师等自由工作的脑力劳动者）	34	3.83	1.147
务农	390	3.74	0.870
其他职业	504	3.80	0.921
待业	265	3.82	0.999
合计	2181	3.81	0.962

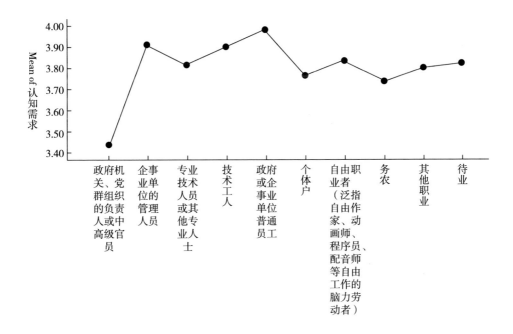

图 4 - 10　母亲的职业与大学生认知需求之间的关系

第七，评估的父母财经知识。评估的父母财经知识和大学生的认知需求之间的 Pearson 相关系数为 - 0.049（$\alpha = 0.05$），即评估的父母财经知识越高，大学生的认知需求越低。

第八，是否是独生子女。One - way ANOVA 分析发现，$F_{(1, 2179)} =$

11.857，p = 0.001。独生子女的认知需求（M = 3.89；SD = 0.990）显著高于非独生子女的认知需求（M = 3.75；SD = 0.932）。

第十节　金融信息搜索的信心的描述统计以及对其存在显著效应的人文统计变量

金融信息搜索的信心五个关联题项的描述性统计结果如表 4 – 73 至表 4 – 77 所示。

表 4 – 73　"我有能力识别良好的金融投资"的描述性统计结果

水平	频数	比例（%）
完全不同意	44	2.0
不同意	269	12.3
有些不同意	890	40.8
有些同意	667	30.6
同意	230	10.5
完全同意	81	3.7
合计	2181	100

均值：3.46；标准差：1.025

表 4 – 74　"我知道要寻找什么投资才能获得最大的收益"的描述性统计结果

水平	频数	比例（%）
完全不同意	67	3.1
不同意	317	14.5
有些不同意	806	37.0
有些同意	684	31.4
同意	229	10.5
完全同意	78	3.6
合计	2181	100

均值：3.42；标准差：1.070

表 4-75 "我知道制定金融投资决策时应该问的正确问题"的描述性统计结果

水平	频数	比例（%）
完全不同意	65	3.0
不同意	295	13.5
有些不同意	831	38.1
有些同意	668	30.6
同意	256	11.7
完全同意	66	3.0
合计	2181	100

均值：3.44；标准差：1.055

表 4-76 "我具备进行健全的金融投资所需的技能"的描述性统计结果

水平	频数	比例（%）
完全不同意	108	5.0
不同意	378	17.3
有些不同意	833	38.2
有些同意	591	27.1
同意	212	9.7
完全同意	59	2.7
合计	2181	100

均值：3.27；标准差：1.095

**表 4-77 "我知道正确的资源可以进行咨询以做出
明智的财经决策"的描述性统计结果**

水平	频数	比例（%）
完全不同意	70	3.2
不同意	280	12.8
有些不同意	754	34.6
有些同意	684	31.4
同意	301	13.8
完全同意	92	4.2
合计	2181	100

均值：3.52；标准差：1.108

上述五个题项的均值均大于中值3,标准差大于1,说明大学生对收集金融信息并作出关联决策和行为的能力与信心比较高,但是,从总体分布来看,离散程度比较高。

本书将信息搜索的信心五个关联的题项加总求均值,记为该变量的因子分。该变量的均值为3.42,标准差为0.921。本书把个人和家庭的人文统计变量作为自变量,把信息搜索的信心作为因变量,运用One - way ANOVA分析工具进行方差分析,有以下人文统计变量显著影响大学生的信息搜索的信心。

第一,性别。One - way ANOVA分析发现,$F(1, 2179) = 40.456$,$p = 0.000$。男性的信息搜索的信心($M = 3.64$;$SD = 0.895$)显著高于女性($M = 3.35$;$SD = 0.918$)。

第二,年级。One - way ANOVA分析发现,$F(3, 2177) = 2.731$,$p = 0.042$。由于基于均值所计算的因变量的方差在自变量的各组间相等,故而,使用LSD多重比较法发现,大一学生的信息搜索的信心显著低于大二和大三两个年级的学生关联的信息搜索的信心($\alpha = 0.05$)。各组的具体数据如表4-78所示。

表4-78 年级与大学生信息搜索的信心之间的关系

年级	频数	均值	标准差
大一	182	3.25	0.976
大二	1008	3.43	0.912
大三	956	3.46	0.922
大四	35	3.51	0.717
合计	2181	3.42	0.921

第三,成长所在地。One - way ANOVA分析发现,$F(1, 2179) = 11.614$,$p = 0.001$。来自城市的大学生的信息搜索的信心($M = 3.49$;$SD = 0.921$)显著高于来自农村的大学生的信息搜索的信心($M = 3.35$;$SD = 0.874$)。

第四,专业。One - way ANOVA分析发现,$F(11, 2169) = 2.310$,$p = 0.008$。由于基于均值计算的因变量的方差在自变量的各组间相等,故而,使用LSD多重比较法发现,哲学专业的学生信息搜索的信心显著大于法学、教育学、文学、理学、工学、医学和管理学专业的学生关联的信息搜索的信心,但它与经济学、历史学、农学、艺术类四个专业的学生无显著差异($\alpha = 0.05$)。各组的具体数据如表4-79、图4-11所示。

表4－79 专业与大学生信息搜索的信心之间的关系

专业	频数	均值	标准差
哲学	7	4.14	1.153
经济学	475	3.53	0.928
法学	85	3.43	1.049
教育学	45	3.23	1.052
文学	234	3.44	0.904
历史学	11	3.60	0.785
理学	176	3.26	0.966
工学	417	3.36	0.876
农学	11	3.80	1.043
医学	57	3.36	1.002
管理学	634	3.41	0.882
艺术类	29	3.68	1.018
合计	2181	3.42	0.921

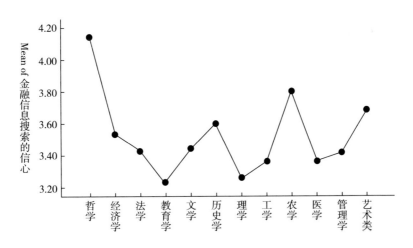

图4－11 专业与大学生信息搜索的信心之间的关系

第五，个人成绩排名。One－way ANOVA 分析发现，$F_{(3, 2177)}$ = 4.945，$p = 0.002$。由于基于均值计算的因变量的方差在自变量的各组间相等，故而，使用 LSD 多重比较法发现，成绩排名在前 10% 的受访者的信息搜索的信心显著高于成绩排名在 21%～50% 和在 51%～100% 两个成绩段的受访者的信息搜索的信心，但它与成绩排名在 11%～20% 的大学生无显著差异（α =

0.05)。总体来讲，随着个人成绩排名次序的下降，信息搜索的信心呈现下降的态势。各组的具体数据如表4-80所示。

表4-80 个人成绩排名与大学生信息搜索的信心之间的关系

成绩排名	频数	均值	标准差
前10%	747	3.52	0.936
11%~20%	637	3.43	0.904
21%~50%	606	3.33	0.910
51%~100%	191	3.35	0.919
合计	2181	3.42	0.921

第六，感情状态。One-way ANOVA分析发现，$F_{(2, 2178)} = 8.483$，$p = 0.000$。使用LSD多重比较法发现，处于其他状态的大学生（M=3.85；SD=0.983）信息搜索的信心显著高于处于单身状态的大学生（M=3.38；SD=0.916）和处于恋爱状态的大学生（M=3.52；SD=0.917）的信息搜索的信心（α=0.05）。各组的具体数据如表4-81所示。

表4-81 感情状态与大学生信息搜索的信心之间的关系

感情状态	频数	均值	标准差
单身	1569	3.38	0.916
恋爱	575	3.52	0.917
其他	37	3.85	0.983
合计	2181	3.42	0.921

第七，月生活费。One-way ANOVA分析发现，$F_{(3, 2177)} = 6.569$，$p = 0.000$。由于基于均值所计算的因变量的方差在自变量的各组间相等，故而，使用LSD多重比较法发现，月生活费在2000元以上的大学生的信息搜索的信心显著大于月生活费为800元及以下、800~2000元以及"不清楚，没算过"的三组大学生关联的信息搜索的信心（α=0.05）。各组的具体数据如表4-82所示。

表4-82　月生活费与大学生信息搜索的信心之间的关系

月生活费	频数	均值	标准差
≤800 元	192	3.47	0.962
800 元 < x ≤2000 元	1672	3.39	0.902
2000 元以上	246	3.66	0.961
不清楚，没算过	71	3.38	0.990
合计	2181	3.42	0.921

第八，父亲的职业。One-way ANOVA 分析发现，F（9，2171）=3.050，p=0.001。由于基于均值计算的因变量的方差在自变量的各组间相等，故而，使用 LSD 多重比较法发现，父亲的职业为政府机关、党群组织的负责人或中高级官员的大学生信息搜索的信心显著大于父亲的职业为企事业单位的管理人员、专业技术人员或其他专业人士、技术工人、政府或企事业单位普通员工、个体户、务农、其他职业、待业八种职业对应的大学生信息搜索的信心，但与父亲的职业为自由职业者的大学生无显著差异（α=0.05）。各组的具体数据如表4-83、图4-12所示。

表4-83　父亲的职业与大学生信息搜索的信心之间的关系

父亲的职业	频数	均值	标准差
政府机关、党群组织的负责人或中高级官员	113	3.78	0.955
企事业单位的管理人员	179	3.45	0.992
专业技术人员或其他专业人士	82	3.47	0.942
技术工人	235	3.39	0.851
政府或企事业单位普通员工	269	3.49	0.956
个体户	351	3.45	0.903
自由职业者（泛指自由作家、动画师、程序员、配音师等自由工作的脑力劳动者）	29	3.61	0.923
务农	387	3.33	0.921
其他职业	471	3.36	0.879
待业	65	3.31	0.973
合计	2181	3.42	0.921

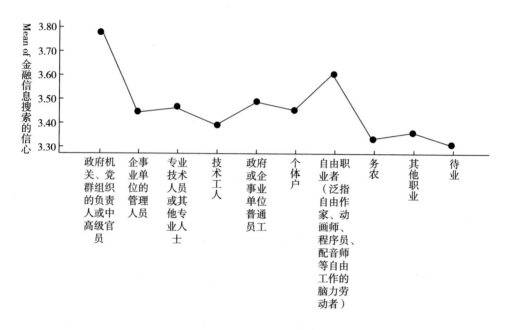

图 4 - 12　父亲的职业与大学生信息搜索的信心之间的关系

第九，母亲的职业。One - way ANOVA 分析发现，$F_{(9, 2171)} = 3.756$，$p = 0.000$。由于基于均值计算的因变量的方差在自变量的各组间相等，故而，使用 LSD 多重比较法发现，母亲的职业为政府机关、党群组织的负责人或中高级官员的大学生信息搜索的信心显著大于母亲的职业为企事业单位的管理人员、技术工人、政府或企事业单位普通员工、个体户、务农、其他职业、待业七种职业对应的大学生信息搜索的信心，但与母亲的职业为专业技术人员或其他专业人士、自由职业者对应的大学生无显著差异（$\alpha = 0.05$）。各组的具体数据如表 4 - 84、图 4 - 13 所示。

表 4 - 84　母亲的职业与大学生信息搜索的信心之间的关系

母亲的职业	频数	均值	标准差
政府机关、党群组织的负责人或中高级官员	54	3.90	0.925
企事业单位的管理人员	129	3.56	0.925
专业技术人员或其他专业人士	51	3.58	1.106
技术工人	100	3.30	0.893
政府或企事业单位普通员工	308	3.46	0.932
个体户	346	3.49	0.909

续表

母亲的职业	频数	均值	标准差
自由职业者（泛指自由作家、动画师、程序员、配音师等自由工作的脑力劳动者）	34	3.62	1.033
务农	390	3.33	0.915
其他职业	504	3.40	0.857
待业	265	3.31	0.958
合计	2181	3.42	0.921

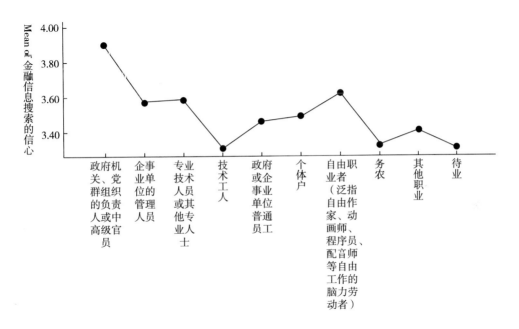

图 4 – 13　母亲的职业与大学生信息搜索的信心之间的关系

第十，父亲的受教育程度。One – way ANOVA 分析发现，F（3，2177）= 9.620，p = 0.000。由于基于均值计算的因变量的方差在自变量的各组间相等，故而，使用 LSD 多重比较法发现，父亲的受教育程度为初中及以下的大学生信息搜索的信心显著低于父亲的受教育程度为初中以上各组对应的大学生信息搜索的信心；父亲的受教育程度为高中/中专/技校的大学生信息搜索的信心显著低于父亲的受教育程度为大学本科/大专的大学生（α = 0.05）。总体而言，随着父亲的受教育程度的提高，大学生信息搜索的信心呈上升的态势。各组的具体数据如表 4 – 85 所示。

表4-85 父亲的受教育程度与大学生信息搜索的信心之间的关系

受教育程度	频数	均值	标准差
初中及以下	986	3.32	0.906
高中/中专/技校	620	3.44	0.870
大学本科/大专	525	3.58	0.969
硕士及以上	50	3.60	1.049
合计	2181	3.42	0.921

第十一，母亲的受教育程度。One-way ANOVA 分析发现，$F_{(3, 2177)} = 6.538$，$p = 0.000$。由于基于均值计算的因变量的方差在自变量的各组间相等，故而，使用 LSD 多重比较法发现，母亲的受教育程度为初中及以下的大学生信息搜索的信心显著低于母亲的受教育程度为高中/中专/技校和大学本科/大专对应的两组大学生信息搜索的信心；母亲的受教育程度为高中/中专/技校的大学生信息搜索的信心显著低于母亲的受教育程度为大学本科/大专的大学生（$\alpha = 0.05$）。总体而言，随着母亲的受教育程度的提高，大学生信息搜索的信心呈上升的态势。各组的具体数据如表4-86所示。

表4-86 母亲的受教育程度与大学生信息搜索的信心之间的关系

受教育程度	频数	均值	标准差
初中及以下	1130	3.35	0.888
高中/中专/技校	590	3.45	0.915
大学本科/大专	432	3.57	0.980
硕士及以上	29	3.57	1.102
合计	2181	3.42	0.921

第十二，家庭成员健康状况和评估的父母财经知识。家庭成员健康状况和大学生信息搜索的信心之间的 Pearson 相关系数为 0.087（$\alpha = 0.01$），即家庭成员健康状况越好，大学生信息搜索的信心就越高。评估的父母财经知识和大学生信息搜索的信心之间的 Pearson 相关系数为 0.228（$\alpha = 0.01$），即评估的父母财经知识越高，大学生信息搜索的信心就越高。

第十三，家庭月收入。One-way ANOVA 分析发现，$F_{(3, 2177)} = 10.305$，$p = 0.000$。使用 LSD 多重比较法发现，家庭月收入在 5000 元及以下的大学生信息搜索的信心显著低于家庭月收入在 10000~20000 元和 20000 元以上两组对应的大学生信息搜索的信心；家庭月收入在 5000～10000 元的大学生信息搜索的信心显著低于家庭月收入在 20000 元以上的大学生信息搜索的信心（$\alpha = 0.05$）。总体而言，随着家庭月收入的提高，大学生信息搜索的信心呈上升的态势。具体数据如表 4－87 所示。

表 4－87 家庭月收入与大学生信息搜索的信心之间的关系

家庭月收入	频数	均值	标准差
≤5000 元	786	3.35	0.894
5000 < x≤10000 元	799	3.39	0.898
10000 < x≤20000 元	411	3.49	0.930
20000 元以上	185	3.74	1.035
合计	2181	3.42	0.921

第十一节 长期金钱计划的描述统计以及对其存在显著效应的人文统计变量

长期金钱计划六个关联题项的描述性统计结果如表 4－88 至表 4－93 所示。从这六个题项的描述性统计结果来看，大学生对长期金钱计划持正向积极的态度，但是表现出较高的离散特性。

表 4－88 "我设定了未来 1～2 年要用我的钱实现的财务目标"的描述性统计结果

水平	频数	比例（%）
完全不同意	44	2.0
不同意	269	12.3
有些不同意	890	40.8
有些同意	667	30.6
同意	230	10.5
完全同意	81	3.7
合计	2181	100

均值：3.45；标准差：1.145

表4-89 "我事先决定未来1~2年如何使用我的钱"的描述性统计结果

水平	频数	比例（%）
完全不同意	44	2.0
不同意	269	12.3
有些不同意	890	40.8
有些同意	667	30.6
同意	230	10.5
完全同意	81	3.7
合计	2181	100

均值：3.40；标准差：1.152

表4-90 "我会积极考虑在接下来的1~2年中需要采取
哪些措施来保持预算"的描述性统计结果

水平	频数	比例（%）
完全不同意	44	2.0
不同意	269	12.3
有些不同意	890	40.8
有些同意	667	30.6
同意	230	10.5
完全同意	81	3.7
合计	2181	100

均值：3.58；标准差：1.105

表4-91 "我会查看预算，看看接下来的1~2年
我还剩下多少钱"的描述性统计结果

水平	频数	比例（%）
完全不同意	44	2.0
不同意	269	12.3
有些不同意	890	40.8
有些同意	667	30.6
同意	230	10.5
完全同意	81	3.7
合计	2181	100

均值：3.58；标准差：1.110

表 4 – 92　"我希望查看未来 1 ~ 2 年的预算，以便
更好地了解未来的支出"的描述性统计结果

水平	频数	比例（%）
完全不同意	44	2.0
不同意	269	12.3
有些不同意	890	40.8
有些同意	667	30.6
同意	230	10.5
完全同意	81	3.7
合计	2181	100

均值：3.65；标准差：1.105

表 4 – 93　"在接下来的 1 ~ 2 年中计划财务
状况会让我感觉更好"的描述性统计结果

水平	频数	比例（%）
完全不同意	44	2.0
不同意	269	12.3
有些不同意	890	40.8
有些同意	667	30.6
同意	230	10.5
完全同意	81	3.7
合计	2181	100

均值：3.64；标准差：1.102

本书将长期金钱计划六个关联的题项加总求均值，记为该变量的因子分。该变量的均值为 3.55，标准差为 0.972。本书把个人和家庭的人文统计变量作为自变量，把长期金钱计划作为因变量，运用 One – way ANOVA 进行方差分析，有以下人文统计变量显著影响大学生的长期金钱计划。

第一，性别。One – way ANOVA 分析发现，$F_{(1, 2179)} = 40.456$，$p = 0.000$。男性的长期金钱计划（$M = 3.65$；$SD = 0.855$）显著高于女性（$M = 3.52$；$SD = 0.976$）。

第二，成长所在地。One – way ANOVA 分析发现，$F_{(1, 2179)} = 4.497$，$p = 0.034$。来自城市的大学生的长期金钱计划（$M = 3.59$；$SD = 1.000$）显著高于来自农村的大学生的长期金钱计划（$M = 3.50$；$SD = 0.936$）。

第三，个人成绩排名。One – way ANOVA 分析发现，F（3，2177）＝ 4.256，p＝0.005。由于基于均值所计算的因变量的方差在自变量的各组间相等，故而，使用 LSD 多重比较法发现，成绩排名在前 10% 和成绩排名在 11% ~ 20% 的两组受访者的长期金钱计划显著高于成绩排名在 21% ~ 50% 成绩段受访者的长期金钱计划（α＝0.05）。各组的具体数据如表 4 – 94 所示。

表 4 – 94　个人成绩排名与大学生长期金钱计划之间的关系

成绩排名	频数	均值	标准差
前 10%	747	3.62	0.968
11% ~ 20%	637	3.59	0.954
21% ~ 50%	606	3.44	0.988
51% ~ 100%	191	3.52	0.974
合计	2181	3.55	0.972

第四，感情状态。One – way ANOVA 分析发现，F（2，2178）＝6.149，p＝ 0.002。使用 LSD 多重比较法发现，处于其他状态的大学生（M＝3.96；SD＝ 0.862）长期金钱计划显著高于处于单身状态的大学生（M＝3.51；SD＝ 0.966）和处于恋爱状态的大学生（M＝3.63；SD＝0.988）（α＝0.05）。各组的具体数据如表 4 – 95 所示。

表 4 – 95　感情状态与大学生长期金钱计划之间的关系

感情状态	频数	均值	标准差
单身	1569	3.51	0.966
恋爱	575	3.63	0.988
其他	37	3.96	0.862
合计	2181	3.55	0.972

第五，母亲的职业。One – way ANOVA 分析发现，F（9，2171）＝1.958，p＝0.040。由于基于均值所计算的因变量的方差在自变量的各组间相等，故而，使用 LSD 多重比较法发现，母亲的职业为政府机关、党群组织的负责人或中高级官员的大学生长期金钱计划显著大于母亲的职业为专业技术人员或其他专业人士、技术工人、政府或企事业单位普通员工、个体户、务农、其他职业、待业七种职业对应的大学生长期金钱计划，但与母亲的职业为企事业单位

的管理人员、自由职业者对应的大学生无显著差异（α = 0.05）。各组的具体数据如表 4 – 96、图 4 – 14 所示。

表 4 – 96　母亲的职业与大学生长期金钱计划之间的关系

母亲的职业	频数	均值	标准差
政府机关、党群组织的负责人或中高级官员	54	3.92	1.022
企事业单位的管理人员	129	3.74	0.918
专业技术人员或其他专业人士	51	3.45	1.124
技术工人	100	3.55	1.006
政府或企事业单位普通员工	308	3.56	1.011
个体户	346	3.60	0.975
自由职业者（泛指自由作家、动画师、程序员、配音师等自由工作的脑力劳动者）	34	3.60	0.999
务农	390	3.49	0.938
其他职业	504	3.51	0.918
待业	265	3.48	1.025
合计	2181	3.55	0.972

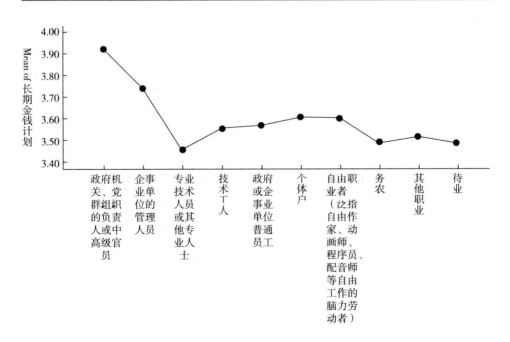

图 4 – 14　母亲的职业与大学生长期金钱计划之间的关系

第六，父亲的受教育程度。One – way ANOVA 分析发现，F（3，2177）= 3.519，p =0.015。由于基于均值所计算的因变量的方差在自变量的各组间相等，故而，使用 LSD 多重比较法发现，父亲的受教育程度为大学本科/大专的大学生的长期金钱计划显著高于父亲的受教育程度为初中及以下的大学生的长期金钱计划（α =0.05）。各组的具体数据如表 4 – 97 所示。

表 4 – 97　父亲的受教育程度与大学生长期金钱计划之间的关系

受教育程度	频数	均值	标准差
初中及以下	986	3.49	0.942
高中/中专/技校	620	3.56	0.974
大学本科/大专	525	3.65	1.004
硕士及以上	50	3.70	1.116
合计	2181	3.55	0.972

第七，母亲的受教育程度。One – way ANOVA 分析发现，F（3，2177）= 4.948，p =0.002。由于基于均值所计算的因变量的方差在自变量的各组间相等，故而，使用 LSD 多重比较法发现，母亲的受教育程度为初中及以下的大学生的长期金钱计划显著低于母亲的受教育程度为高中/中专/技校和大学本科/大专对应的两组大学生长期金钱计划（α = 0.05）。各组的具体数据如表 4 – 98 所示。

表 4 – 98　母亲的受教育程度与大学生长期金钱计划之间的关系

受教育程度	频数	均值	标准差
初中及以下	1130	3.48	0.940
高中/中专/技校	590	3.58	0.987
大学本科/大专	432	3.67	1.013
硕士及以上	29	3.78	1.108
合计	2181	3.55	0.972

第八，家庭成员的健康状况和评估的父母财经知识。家庭成员的健康状况和大学生长期金钱计划之间的 Pearson 相关系数为 0.048（α =0.05），即家庭成员的健康状况越好，大学生长期金钱计划的倾向就越高。评估的父母财经知识和大学生长期金钱计划之间的 Pearson 相关系数为 0.226（α = 0.01），即评估的父母财经知识越高，大学生长期金钱计划的倾向就越高。

第九，家庭月收入。One – way ANOVA 分析发现，F（3，2177）= 5.392，p = 0.001。使用 LSD 多重比较法发现，家庭月收入在 5000 元及以下的大学生长期金钱计划的倾向显著低于家庭月收入在 10000~20000 元和 20000 元以上两组对应的大学生长期金钱计划的倾向；家庭月收入在 5000~10000 元的大学生长期金钱计划的倾向显著低于家庭月收入在 20000 元以上的大学生长期金钱计划的倾向（α = 0.05）。总体而言，随着家庭月收入的提高，大学生长期金钱计划的倾向呈现出增长的态势。具体数据如表 4 – 99 所示。

表 4 – 99　家庭月收入与大学生长期金钱计划之间的关系

家庭月收入	频数	均值	标准差
≤5000 元	786	3.47	0.938
5000 元 < x ≤10000 元	799	3.55	0.979
10000 元 < x ≤20000 元	411	3.61	0.943
20000 元以上	185	3.77	1.106
合计	2181	3.55	0.972

第十二节　广义的自我效能的描述统计以及对其存在显著效应的人文统计变量

广义的自我效能五个关联题项的描述性统计结果如表 4 – 100 至表 4 – 104 所示。这五个题项正向态度表现（有些同意、同意和非常同意）的比例大于 60%，均值均大于 3，说明六成多的大学生的自我效能是比较高的。

表 4 – 100　"我将能够实现为自己设定的大多数目标"的描述性统计结果

水平	频数	比例（%）
完全不同意	10	0.5
不同意	107	4.9
有些不同意	671	30.8
有些同意	890	40.8
同意	380	17.4
完全同意	123	5.6
合计	2181	100

均值：3.87；标准差：0.963

表 4 - 101　"面对艰巨的任务时，我相信自己会完成"的描述性统计结果

水平	频数	比例（%）
完全不同意	6	0.3
不同意	84	3.9
有些不同意	608	27.9
有些同意	875	40.1
同意	444	20.4
完全同意	164	7.5
合计	2181	100

均值：3.99；标准差：0.981

表 4 - 102　"总的来说，我认为我可以获得对我很重要的结果"的描述性统计结果

水平	频数	比例（%）
完全不同意	7	0.3
不同意	72	3.3
有些不同意	561	25.7
有些同意	887	40.7
同意	485	22.2
完全同意	169	7.7
合计	2181	100

均值：4.04；标准差：0.974

表 4 - 103　"我相信，只要有决心，任何努力都可以成功"的描述性统计结果

水平	频数	比例（%）
完全不同意	11	0.5
不同意	75	3.4
有些不同意	523	24.0
有些同意	811	37.2
同意	495	22.7
完全同意	266	12.2
合计	2181	100

均值：4.15；标准差：1.057

表 4-104 "我能够成功克服许多挑战"的描述性统计结果

水平	频数	比例（％）
完全不同意	8	0.4
不同意	68	3.1
有些不同意	548	25.1
有些同意	837	38.4
同意	489	22.4
完全同意	231	10.6
合计	2181	100

均值：4.11；标准差：1.022

本书将广义的自我效能关联的五个题项加总求均值，记为因子分，用这个因子分代表广义的自我效能。它的均值为 4.03，标准差为 0.857。本书把个人和家庭的人文统计变量作为自变量，把广义的自我效能作为因变量，运用 One - way ANOVA 进行方差分析，有以下人文统计变量显著影响大学生的广义的自我效能。

第一，成长所在地。One - way ANOVA 分析发现，$F_{(1, 2179)} = 30.823$，$p = 0.000$。来自城市的大学生广义的自我效能（M = 4.12；SD = 0.855）显著高于来自农村的大学生广义的自我效能（M = 3.92；SD = 0.848）。

第二，专业。One - way ANOVA 分析发现，$F_{(11, 2169)} = 1.991$，$p = 0.026$。由于基于均值所计算的因变量的方差在自变量的各组间相等，故而，使用 LSD 多重比较法发现，农学专业的大学生广义的自我效能显著高于经济学、法学、教育学、文学、理学、工学、医学、管理学专业的大学生关联的广义的自我效能；艺术类专业的大学生广义的自我效能显著高于法学、理学、工学专业的大学生广义的自我效能（$\alpha = 0.05$）。各组的具体数据如表 4 - 105、图 4 - 15 所示。

表 4 - 105 专业与大学生广义的自我效能之间的关系

专业	频数	均值	标准差
哲学	7	4.29	0.958
经济学	475	4.12	0.875
法学	85	3.92	0.896
教育学	45	4.01	0.896

续表

专业	频数	均值	标准差
文学	234	4.03	0.909
历史学	11	4.09	0.718
理学	176	3.97	0.835
工学	417	3.95	0.815
农学	11	4.67	1.096
医学	57	4.09	0.796
管理学	634	4.02	0.841
艺术类	29	4.33	0.922
合计	2181	4.03	0.857

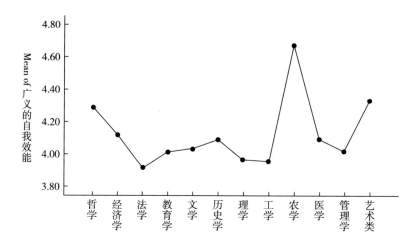

图 4 – 15 专业与大学生广义的自我效能之间的关系

第三，个人成绩排名。One – way ANOVA 分析发现，F（3，2177）= 8.720，p = 0.000。由于基于均值所计算的因变量的方差在自变量的各组间相等，故而，使用 LSD 多重比较法发现，成绩排名在前 10% 的受访者的广义的自我效能显著高于成绩排名在 11% ~ 20%、21% ~ 50% 和 51% ~ 100% 三个成绩段的受访者的广义的自我效能；成绩排名在 11% ~ 20% 的受访者的广义的自我效能显著高于成绩排名在 51% ~ 100% 的受访者的广义的自我效能（α = 0.05）。随着个人成绩排名次序的下降，大学生广义的自我效能呈下降的态势。各组的具体数据如表 4 – 106 所示。

表4-106　个人成绩排名与大学生广义的自我效能之间的关系

成绩排名	频数	均值	标准差
前10%	747	4.14	0.869
11%~20%	637	4.03	0.838
21%~50%	606	3.94	0.854
51%~100%	191	3.87	0.833
合计	2181	4.03	0.857

第四，月生活费。One-way ANOVA 分析发现，$F_{(3, 2177)} = 6.249$，$p = 0.000$。由于基于均值所计算的因变量的方差在自变量的各组间相等，故而，使用 LSD 多重比较法发现，月生活费在2000元以上的大学生的广义的自我效能显著大于月生活费为800元及以下、800~2000元以及"不清楚，没算过"的三组大学生关联的广义的自我效能（$\alpha = 0.05$）。除了"不清楚，没算过"外，随着月生活费的提高，大学生广义的自我效能也随之提高。各组的具体数据如表4-107所示。

表4-107　月生活费与大学生广义的自我效能之间的关系

月生活费	频数	均值	标准差
≤800元	192	3.96	0.908
800元<x≤2000元	1672	4.01	0.842
2000元以上	246	4.25	0.851
不清楚，没算过	71	3.98	0.984
合计	2181	4.03	0.857

第五，父亲的职业。One-way ANOVA 分析发现，$F_{(9, 2171)} = 4.214$，$p = 0.000$。由于基于均值所计算的因变量的方差在自变量的各组间相等，故而，使用 LSD 多重比较法发现，父亲的职业为政府机关、党群组织的负责人或中高级官员的大学生广义的自我效能显著大于父亲的职业为技术工人、个体户、务农、其他职业四种职业对应的大学生广义的自我效能；父亲的职业为企事业单位的管理人员的大学生广义的自我效能显著高于父亲的职业为技术工人、务农、其他职业三种职业对应的大学生广义的自我效能；父亲的职业为专业技术人员或其他专业人士的大学生广义的自我效能显著高于父亲职业为技术

工人、农民、其他职业三种职业对应的大学生广义的自我效能（α = 0.05）。各组的具体数据如表4 - 108、图4 - 16所示。

表4 - 108　父亲的职业与大学生广义的自我效能之间的关系

父亲的职业	频数	均值	标准差
政府机关、党群组织的负责人或中高级官员	113	4.27	0.823
企事业单位的管理人员	179	4.14	0.884
专业技术人员或其他专业人士	82	4.19	0.896
技术工人	235	3.94	0.832
政府或企事业单位普通员工	269	4.14	0.854
个体户	351	4.09	0.842
自由职业者（泛指自由作家、动画师、程序员、配音师等自由工作的脑力劳动者）	29	4.10	0.798
务农	387	3.89	0.865
其他职业	471	3.96	0.842
待业	65	4.02	0.880
合计	2181	4.03	0.857

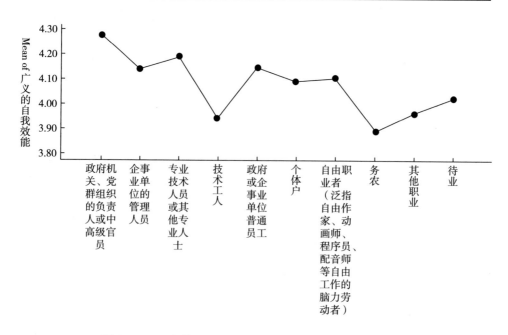

图4 - 16　父亲的职业与大学生广义的自我效能之间的关系

第六，母亲的职业。One – way ANOVA 分析发现，$F_{(9, 2171)} = 5.342$，$p = 0.000$。由于基于均值所计算的因变量的方差在自变量的各组间相等，故而，使用 LSD 多重比较法发现，母亲的职业为政府机关、党群组织的负责人或中高级官员的大学生广义的自我效能显著大于母亲的职业为技术工人、务农、其他职业、待业四种职业对应的大学生广义的自我效能；母亲的职业为企事业单位的管理人员的大学生广义的自我效能显著高于母亲的职业为技术工人、个体户、自由职业者、务农、其他职业和待业五种职业对应的大学生广义的自我效能（$\alpha = 0.05$）。各组具体的数据如表 4 – 109、图 4 – 17 所示。

表 4 – 109　母亲的职业与大学生广义的自我效能之间的关系

母亲的职业	频数	均值	标准差
政府机关、党群组织的负责人或中高级官员	34	4.30	0.833
企事业单位的管理人员	129	4.31	0.745
专业技术人员或其他专业人士	51	4.09	1.011
技术工人	100	3.90	0.853
政府或企事业单位普通员工	308	4.16	0.874
个体户	346	4.10	0.835
自由职业者（泛指自由作家、动画师、程序员、配音师等自由工作的脑力劳动者）	34	3.99	0.850
务农	390	3.88	0.866
其他职业	504	3.98	0.837
待业	265	3.97	0.856
合计	2181	4.03	0.857

第七，父亲的受教育程度。One – way ANOVA 分析发现，$F_{(3, 2177)} = 11.382$，$p = 0.000$。由于基于均值计算的因变量的方差在自变量的各组间相等，故而，使用 LSD 多重比较法发现，父亲的受教育程度为初中及以下的大学生广义的自我效能显著低于父亲的受教育程度为初中以上各组对应的大学生广义的自我效能；父亲的受教育程度为高中/中专/技校的大学生广义的自我效能显著低于父亲的受教育程度为大学本科/大专和硕士及以上的大学生（$\alpha = 0.05$）。总体而言，随着父亲的受教育程度层次的提高，大学生广义的自我效能呈现出增长的态势。各组的具体数据如表 4 – 110 所示。

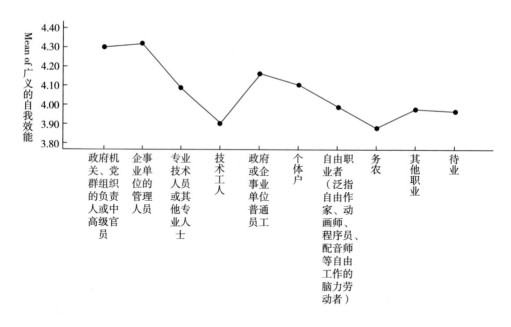

图 4 – 17   母亲的职业与大学生广义的自我效能之间的关系

表 4 – 110   父亲的受教育程度与大学生广义的自我效能之间的关系

受教育程度	频数	均值	标准差
初中及以下	986	3.94	0.843
高中/中专/技校	620	4.04	0.843
大学本科/大专	525	4.17	0.873
硕士及以上	50	4.37	0.877
合计	2181	4.03	0.857

第八，母亲的受教育程度。One – way ANOVA 分析发现，$F_{(3, 2177)} =$ 12.680，$p = 0.000$。由于基于均值计算的因变量的方差在自变量的各组间相等，故而，使用 LSD 多重比较法发现，母亲的受教育程度为初中及以下的大学生广义的自我效能显著低于母亲的受教育程度为高中/中专/技校和大学本科/大专对应的两组大学生广义的自我效能；母亲的受教育程度为高中/中专/技校的大学生广义的自我效能显著低于母亲的受教育程度为大学本科/大专的大学生（$\alpha = 0.05$）。总体而言，随着母亲的受教育程度的提高，大学生广义的自我效能呈增长的态势。各组的具体数据如表 4 – 111 所示。

表4-111　母亲的受教育程度与大学生广义的自我效能之间的关系

受教育程度	频数	均值	标准差
初中及以下	1130	3.93	0.851
高中/中专/技校	590	4.08	0.837
大学本科/大专	432	4.21	0.861
硕士及以上	29	4.22	0.934
合计	2181	4.03	0.857

第九，家庭成员的健康状况和评估的父母财经知识。家庭成员的健康状况和大学生广义的自我效能之间的 Pearson 相关系数为 0.116（α=0.01），即家庭成员的健康状况越好，大学生广义的自我效能就越高。评估的父母财经知识和大学生广义的自我效能之间的 Pearson 相关系数为 0.286（α=0.01），即评估的父母财经知识越高，大学生广义的自我效能就越高。

第十，是否是独生子女。One-way ANOVA 分析发现，F（1，2179）=7.567，p=0.006。独生子女的自我效能（M=4.09；SD=0.843）显著高于非独生子女的自我效能（M=3.98；SD=0.867）。

第十一，家庭月收入。One-way ANOVA 分析发现，F（3，2177）=20.638，p=0.000。使用 LSD 多重比较法发现，家庭月收入在 5000 元及以下的大学生广义的自我效能显著低于家庭月收入在 5000~10000 元、10000~20000 元和 20000 元以上三组对应的大学生广义的自我效能；家庭月收入在5000~10000 元的大学生广义的自我效能显著低于家庭月收入在 20000 元以上大学生广义的自我效能；家庭月收入在 10000~20000 元的大学生广义的自我效能显著低于家庭月收入大于 20000 元的大学生广义的自我效能（α=0.05）。总体而言，随着家庭月收入的提高，大学生广义的自我效能呈增长的态势。具体数据如表4-112所示。

表4-112　家庭月收入与大学生广义的自我效能之间的关系

家庭月收入	频数	均值	标准差
≤5000 元	786	3.89	0.861
5000 元 < x ≤ 10000 元	799	4.05	0.830
10000 元 < x ≤ 20000 元	411	4.11	0.830
20000 元以上	185	4.41	0.881
合计	2181	4.03	0.857

第十三节　财经态度关联的描述统计以及对其存在显著效应的人文统计变量

财经态度对应的两个题项的描述性统计结果如表 4 – 113 和表 4 – 114 所示。对表 4 – 113 的数据进一步处理可以看出，受访者赞同即时满足的比例为 14.5%；赞同延迟满足的比例为 56.3%；在即时满足和延迟满足两者中间，处于中立态度的比例为 29.2%。合并表 4 – 114 的数据可以看出，认为花钱比储蓄更重要的比例为 28.5%；认为储蓄比花钱更重要的比例为 30.8%；处于中立态度的为 40.8%。"我倾向于'今朝有酒今朝醉'而不去考虑明天""我发现花钱比长期保存更令人满意"两个变量之间的 Pearson 相关系数为 0.498，在 α = 0.01 的水平上显著。但是，认为花钱比储蓄更重要的比例为 28.5%，显著高于赞同即时满足的比例 14.5%，前者是后者的两倍，这就意味着在遇到具体的消费品诱惑时，大学生更愿意享受当下，延迟满足的克制力难以抵挡当前消费的欲望。同理，认为储蓄比花钱更重要的比例为 30.8%，显著低于赞同延迟满足的比例 56.3%，后者接近前者的两倍，印证了上述关系。

表 4 – 113　"我倾向于'今朝有酒今朝醉'而不去考虑明天"的描述性统计结果

水平	频数	比例（%）
完全同意	108	5.0
基本同意	208	9.5
中立	636	29.2
基本不同意	716	32.8
完全不同意	513	23.5
合计	2181	100

均值：3.60；标准差：1.095

表 4 – 114　"我发现花钱比长期保存更令人满意"的描述性统计结果

水平	频数	比例（%）
完全同意	168	7.7
基本同意	453	20.8

续表

水平	频数	比例（%）
中立	889	40.8
基本不同意	471	21.6
完全不同意	200	9.2
合计	2181	100

均值：3.04；标准差：1.048

把两个题项加总求均值，即为因子分（Factor Score），作为高阶概念财经态度的计量，这个值越低，则表示财经态度消极；这个值越高，则表示财经态度积极。该变量的均值为3.32，标准差为0.927。本书把个体和家庭人文统计变量作为自变量，财经态度作为因变量，运用 One - way ANOVA 分析工具进行方差分析，有以下人文统计变量显著影响大学生财经态度。

第一，性别。One - way ANOVA 分析发现，$F (1, 2179) = 17.741$，$p = 0.000$。女性的财经态度所表现的积极性（$M = 3.37$；$SD = 0.905$）显著高于男性的财经态度所表现的积极性（$M = 3.17$；$SD = 0.978$）。

第二，个人成绩排名。One - way ANOVA 分析发现，$F (3, 2177) = 5.009$，$p = 0.002$。由于基于均值计算的因变量的方差在自变量的各组间相等，故而，使用 LSD 多重比较法发现，成绩排名在前10%的受访者财经态度积极性显著高于成绩排名在21%~50%和51%~100%两组的受访者，并与成绩排名在11%~20%的受访者无显著差异；成绩排名在11%~20%的受访者的财经态度的积极性显著高于成绩排名在51%~100%的受访者（$\alpha = 0.05$）。各组具体的数据如表4-115所示。

表4-115 个人成绩排名与大学生财经态度之间的关系

成绩排名	样本量	均值	标准差
前10%	747	3.40	0.929
11%~20%	637	3.33	0.911
21%~50%	606	3.27	0.922
51%~100%	191	3.13	0.961
合计	2181	3.32	0.927

第三，母亲的职业。One - way ANOVA 分析发现，$F (9, 2171) = 5.009$，$p = 0.023$。由于基于均值所计算的因变量的方差在自变量的各组间相等，故而，使用 LSD 多重比较法发现，母亲的职业为专业技术人员或者其他专业人

士的大学生财经态度的积极性显著高于母亲的职业为政府机关、党群组织的负责人或中高级官员、个体户、待业的大学生关联的财经态度的积极性，并与母亲为其他职业的大学生关联的财经态度无显著差异（α = 0.05）。各组的具体数据如表 4 - 116、图 4 - 18 所示。

表 4 - 116 母亲的职业与大学生财经态度之间的关系

母亲的职业	频数	均值	标准差
政府机关、党群组织的负责人或中高级官员	54	3.11	1.102
企事业单位的管理人员	129	3.40	0.934
专业技术人员或其他专业人士	51	3.62	0.887
技术工人	100	3.33	0.880
政府或企事业单位普通员工	308	3.37	0.825
个体户	346	3.18	0.950
自由职业者（泛指自由作家、动画师、程序员、配音师等自由工作的脑力劳动者）	34	3.35	0.942
务农	390	3.36	0.931
其他职业	504	3.34	0.935
待业	265	3.29	0.951
合计	2181	3.32	0.927

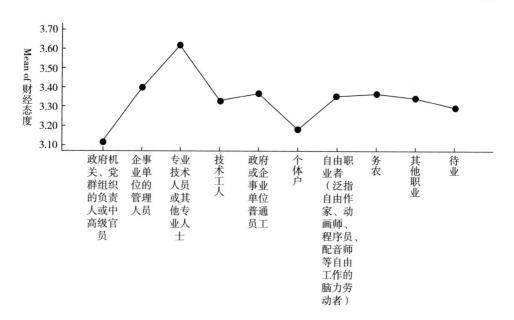

图 4 - 18 母亲的职业与大学生财经态度之间的关系

第四，是否是独生子女。One - way ANOVA 分析发现，F（1，2179）=
3.899，p = 0.048。数据分析显示，独生子女家庭成长的大学生的财经态度的
积极性（M = 3.36；SD = 0.911）显著高于非独生子女家庭的大学生（M =
3.28；SD = 0.940）。

第十四节　财经满意感的描述统计以及与
关键人文统计变量之间的关系

财经满意感的描述性统计结果如表 4 - 117 所示。从表中的数据可以判断，
15.6% 的受访者处于不满意状态；47.1% 的受访者对自己的财经状况处于满意
状态。

表 4 - 117　"财经满意感"的描述性统计结果

水平	频数	比例（%）
完全不同意	94	4.3
比较不同意	247	11.3
中立	813	37.3
比较同意	840	38.5
完全同意	187	8.6
总计	2181	100

均值：3.36；标准差：0.942

本书把个体和家庭人文统计变量作为自变量，财经满意感作为因变量，运
用 One - way ANOVA 进行方差分析，有以下人文统计变量显著影响财经满
意感。

第一，成长所在地。One - way ANOVA 分析发现，F（1，2179）= 52.35，
p = 0.000。来自城市的大学生（M = 3.49；SD = 0.937）财经满意感显著大于
来自农村的大学生（M = 3.20；SD = 0.922）。

第二，个人成绩排名。One - way ANOVA 分析发现，F（3，2177）= 2.625，
p = 0.049。由于基于均值所计算的因变量的方差在自变量的各组间相等，故
而，使用 LSD 多重比较法发现，成绩排名在前 10% 的受访者的财经满意感显
著高于 21% ~ 50% 和 51% ~ 100% 两个成绩排名段的受访者的财经满意感；但

它与个人成绩排名在 11% ~ 20% 的大学生的财经满意感无显著差异（α = 0.05）。总体而言，个人成绩排名次序越靠后，财经满意感就越低。各组的具体数据如表 4 - 118 所示。

表 4 - 118　个人成绩排名与财经满意感之间的关系

成绩排名	频数	均值	标准差
前 10%	747	3.41	0.964
11% ~ 20%	637	3.38	0.880
21% ~ 50%	606	3.30	0.940
51% ~ 100%	191	3.25	1.040
合计	2181	3.36	0.942

第三，月生活费。One - way ANOVA 分析发现，$F_{(3, 2177)} = 13.884$，$p = 0.000$。由于基于均值所计算的因变量的方差在自变量的各组间相等，故而，使用 LSD 多重比较法发现，月生活费在 800 元及以下的大学生的财经满意感远低于月生活费在 800 ~ 2000 元、2000 元以上以及"不清楚，没算过"的三组大学生的财经满意感（α = 0.05）。总体而言，随着月生活费的提高，大学生的财经满意感呈现出增长的态势。各组的具体数据如表 4 - 119 所示。

表 4 - 119　月生活费与财经满意感之间的关系

月生活费	频数	均值	标准差
≤800 元	192	3.01	1.128
800 元 < x ≤ 2000 元	1672	3.36	0.904
2000 元以上	246	3.63	0.912
不清楚，没算过	71	3.32	1.053
合计	2181	3.36	0.942

第四，父亲的职业。One - way ANOVA 分析发现，$F_{(9, 2171)} = 7.104$，$p = 0.000$。由于基于均值所计算的因变量的方差在自变量的各组间相等，故而，使用 LSD 多重比较法发现，父亲的职业为政府机关、党群组织的负责人或中高级官员的大学生的财经满意感显著高于父亲的职业为企事业单位的管理人员、技术工人、政府或企事业单位普通员工、个体户、自由职业者、务农、其他职业和待业的大学生的财经满意感（α = 0.05）。各组的具体数据如表 4 - 120 所示。

表 4 – 120　父亲的职业与大学生财经满意感之间的关系

父亲的职业	频数	均值	标准差
政府机关、党群组织的负责人或中高级官员	113	3.73	0.879
企事业单位的管理人员	179	3.50	0.979
专业技术人员或其他专业人士	82	3.57	0.903
技术工人	235	3.24	0.865
政府或企事业单位普通员工	269	3.48	0.929
个体户	351	3.42	0.906
自由职业者（泛指自由作家、动画师、程序员、配音师等自由工作的脑力劳动者）	29	3.34	0.897
务农	387	3.12	1.007
其他职业	171	3.34	0.886
待业	65	3.22	1.097
合计	2181	3.36	0.942

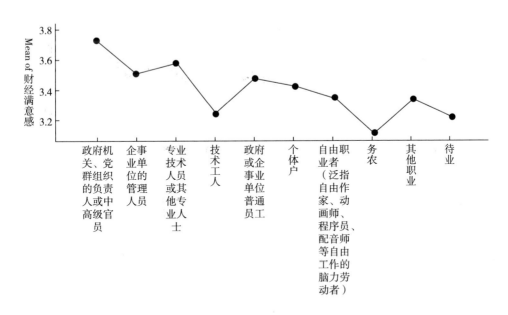

图 4 – 19　父亲的职业与大学生财经满意感之间的关系

第五，母亲的职业。One – way ANOVA 分析发现，$F_{(9, 2171)} = 6.560$，$p = 0.000$。由于基于均值所计算的因变量的方差在自变量的各组间相等，故而，使用 LSD 多重比较法发现，母亲的职业为政府机关、党群组织的负责人或中高级官员的大学生的财经满意感显著高于母亲的职业为技术工人、政府或企事业单位普通员工、个体户、务农、其他职业和待业的大学生的财经满意感（α = 0.05）。各组的具体数据如表 4 – 121 所示。

表 4 – 121　母亲的职业与大学生财经满意感之间的关系

母亲的职业	频数	均值	标准差
政府机关、党群组织的负责人或中高级官员	54	3.74	0.935
企事业单位的管理人员	129	3.58	0.890
专业技术人员或其他专业人士	51	3.75	0.997
技术工人	100	3.32	0.909
政府或企事业单位普通员工	308	3.47	0.904
个体户	346	3.43	0.906
自由职业者（泛指自由作家、动画师、程序员、配音师等自由工作的脑力劳动者）	34	3.53	0.961
务农	390	3.13	0.995
其他职业	504	3.30	0.906
待业	265	3.31	0.954
合计	2181	3.36	0.942

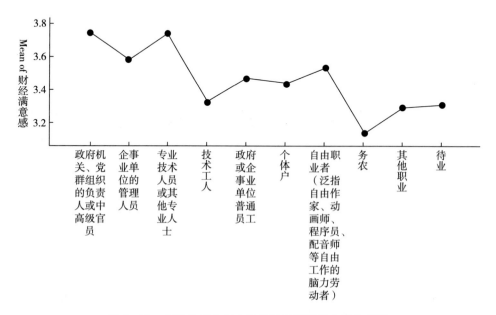

图 4 – 20　母亲的职业与大学生财经满意感之间的关系

第六，父亲的受教育程度。One – way ANOVA 分析发现，$F(3, 2177) =$ 27.978，$p = 0.000$。由于基于均值所计算的因变量的方差在自变量的各组间相等，故而，使用 LSD 多重比较法发现，父亲的受教育程度为初中及以下的大学生相比父亲的受教育程度为初中以上的大学生拥有更低的财经满意感（$\alpha = 0.05$）。总体而言，父亲的受教育程度越高，大学生财经满意感就越高。各组的具体数据如表 4 – 122 所示。

表 4 – 122　父亲的受教育程度与大学生财经满意感之间的关系

受教育程度	频数	均值	标准差
初中及以下	986	3.20	0.958
高中/中专/技校	620	3.35	0.919
大学本科/大专	323	3.63	0.865
硕士及以上	50	3.72	0.927
合计	2181	3.36	0.942

第七，母亲的受教育程度。One – way ANOVA 分析发现，$F(3, 2177) =$ 15.144，$p = 0.000$。由于基于均值所计算的因变量的方差在自变量的各组间相等，故而，使用 LSD 多重比较法发现，母亲的受教育程度为大学本科/大专的大学生的财经满意感显著高于母亲的受教育程度为初中及以下和高中/中专/技校的大学生的财经满意感；母亲的受教育程度为大学本科/大专的大学生的财经满意感与母亲的受教育程度为硕士及以上的大学生的财经满意感无显著差异（$\alpha = 0.05$）。各组的具体数据如表 4 – 123 所示。

表 4 – 123　母亲的受教育程度与大学生的财经满意感之间的关系

受教育程度	频数	均值	标准差
初中及以下	1130	3.24	0.934
高中/中专/技校	590	3.40	0.911
大学本科/大专	432	3.59	0.889
硕士及以上	29	3.45	1.121
合计	2181	3.36	0.942

第八，家庭成员健康状况和评估的父母财经知识。家庭成员健康状况和大学生的财经满意感之间的 Pearson 相关系数为 0.179（$\alpha = 0.01$），即家庭成员

健康状况越好，大学生的财经满意感越高。评估的父母财经知识和大学生的财经满意感之间的 Pearson 相关系数为 0.193（$\alpha = 0.01$），即评估的父母财经知识越高，大学生的财经满意感越高。

第九，是否是独生子女。One-way ANOVA 分析发现，$F_{(1, 2179)} = 13.600$，$p = 0.000$。独生子女的财经满意感（$M = 3.44$；$SD = 0.957$）显著高于非独生子女的财经满意感（$M = 3.29$；$SD = 0.923$）。

第十，家庭月收入。One-way ANOVA 分析发现，$F_{(3, 2177)} = 25.703$，$p = 0.000$。使用 LSD 多重比较法发现，家庭月收入大于 20000 元的大学生拥有的财经满意感显著高于家庭月收入在 20000 元以下各组大学生的财经满意感（$\alpha = 0.05$）。总体而言，随着家庭月收入的提高，大学生的财经满意感呈现出增加的态势。具体数据如表 4-124 所示。

表 4-124　家庭月收入与大学生的财经满意感之间的关系

家庭月收入	频数	均值	标准差
≤5000 元	786	3.18	0.980
5000 元 < x ≤ 10000 元	799	3.35	0.869
10000 元 < x ≤ 20000 元	411	3.54	0.932
20000 元以上	185	3.74	0.915
合计	2181	3.36	0.942

第十五节　金钱态度的描述统计以及与关键人文统计变量之间的关系

金钱态度由四个题项组成，每个题项的描述性统计结果如表 4-125 至表 4-128 所示。这四个表中的同意态度合计的比例均大于 50%，四个题项的均值均大于 3，说明一半以上的大学生金钱态度都是积极的，但标准差大于 1，也就是大学生对每个测项的反应的总体分布的离散程度比较高。

表 4-125　"我定期为将来留出资金"的描述性统计结果

水平	频数	比例（%）
非常不同意	26	1.2

水平	频数	比例（%）
不同意	106	4.9
有些不同意	404	18.5
有些同意	729	33.4
同意	566	26.0
非常同意	350	16.0
合计	2181	100

均值：4.26；标准差：1.149

表 4-126　"我有记账的习惯"的描述性统计结果

水平	频数	比例（%）
非常不同意	164	7.5
不同意	289	13.3
有些不同意	533	24.4
有些同意	510	23.4
同意	339	15.5
非常同意	346	15.9
合计	2181	100

均值：3.74；标准差：1.474

表 4-127　"我遵循仔细的财务预算"的描述性统计结果

水平	频数	比例（%）
非常不同意	94	4.3
不同意	222	10.2
有些不同意	579	26.5
有些同意	698	32.0
同意	395	18.1
非常同意	193	8.8
合计	2181	100

均值：3.76；标准差：1.240

表 4 - 128 "我精打细算"的描述性统计结果

水平	频数	比例（%）
非常不同意	71	3.3
不同意	181	8.3
有些不同意	619	28.4
有些同意	675	30.9
同意	420	19.3
非常同意	215	9.9
合计	2181	100

均值：3.84；标准差：1.213

本书将金钱态度关联的四个题项进行加总计算其均值，记为本变量的因子分。该因子分的均值为3.90，标准差为1.029。本书把个人和家庭的人文统计变量作为自变量，把金钱态度作为因变量，运用 One - way ANOVA 进行方差分析，有以下人文统计变量显著影响大学生的金钱态度。

第一，成长所在地。One - way ANOVA 分析发现，$F_{(1, 2179)} = 10.627$，$p = 0.001$。来自城市的大学生对金钱态度的积极性（$M = 3.967$；$SD = 1.055$）显著高于来自农村的大学生对金钱的态度（$M = 3.822$；$SD = 0.991$）。

第二，个人成绩排名。One - way ANOVA 分析发现，$F_{(3, 2177)} = 7.670$，$p = 0.000$。由于基于均值计算的因变量的方差在自变量的各组间相等，故而，使用 LSD 多重比较法发现，成绩排名在前10%的受访者对金钱态度的积极性显著高于成绩排名在21% ~ 50% 和 51% ~ 100% 两组对应的大学生（$\alpha = 0.05$）。具体数据如表 4 - 129 所示。

表 4 - 129 大学生成绩排名与金钱态度之间的关系

水平	样本量	均值	标准差
前10%	747	4.00	1.020
11% ~20%	637	3.93	1.003
21% ~50%	606	3.83	1.028
51% ~100%	191	3.65	1.099
合计	2181	3.90	1.029

第三，母亲的职业。One – way ANOVA 分析发现，F（9，2171）= 2.188，p = 0.020。由于基于均值所计算的因变量的方差在自变量的各组间相等，故而，使用 LSD 多重比较法发现，母亲的职业为专业技术人员或其他专业人士的大学生对金钱态度积极性显著高于母亲的职业为政府机关、党群组织的负责人或中高级官员、个体户、其他职业、待业的大学生关联的金钱态度；母亲的职业为个体户的大学生对金钱态度积极性显著小于母亲的职业为企事业单位的管理人员、专业技术人员或其他专业人士、政府或企事业单位普通员工、务农、其他职业对应的大学生的金钱态度（α = 0.05）。各组的具体数据如表4 – 130、图4 – 21 所示。

表 4 – 130　母亲的职业与大学生的金钱态度之间的关系

母亲的职业	频数	均值	标准差
政府机关、党群组织的负责人或中高级官员	54	3.11	1.102
企事业单位的管理人员	129	3.40	0.934
专业技术人员或其他专业人士	51	3.62	0.887
技术工人	100	3.33	0.880
政府或企事业单位普通员工	308	3.37	0.825
个体户	346	3.18	0.950
自由职业者（泛指自由作家、动画师、程序员、配音师等自由工作的脑力劳动者）	34	3.35	0.942
务农	390	3.36	0.931
其他职业	504	3.34	0.935
待业	265	3.29	0.951
合计	2181	3.32	0.927

第四，父亲的受教育程度。One – way ANOVA 分析发现，F（3，2177）= 5.644，p = 0.001。由于基于均值所计算的因变量的方差在自变量的各组间不相等，故而，使用 Dunnett C 多重比较法发现，父亲的受教育程度为大学本科/大专的大学生的金钱态度的积极性显著高于父亲的受教育程度为初中及以下的大学生（α = 0.05）。各组的具体数据如表4 – 131 所示。

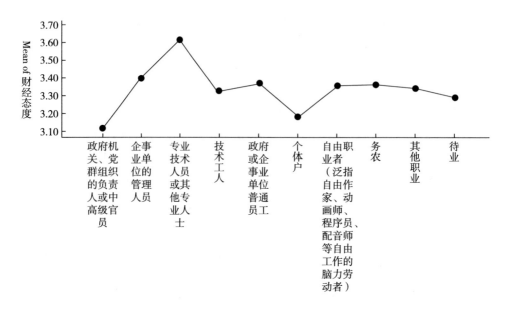

图 4 − 21　母亲的职业与大学生的金钱态度之间的关系

表 4 − 131　父亲的受教育程度与大学生金钱态度之间的关系

受教育程度	频数	均值	标准差
初中及以下	986	3.83	1.001
高中/中专/技校	620	3.89	1.054
大学本科/大专	525	4.01	1.008
硕士及以上	50	4.28	1.301
合计	2181	3.90	1.029

第五，母亲的受教育程度。One − way ANOVA 分析发现，$F_{(3, 2177)}$ = 5.020，p = 0.002。由于基于均值所计算的因变量的方差在自变量的各组间相等，故而，使用 LSD 多重比较法发现，母亲的受教育程度为初中及以下的大学生的金钱态度的积极性显著低于母亲的受教育程度为大学本科/大专和硕士及以上的大学生，但它与母亲的受教育程度为高中/中专/技校的大学生的金钱态度没有显著差异（α = 0.05）。总体上看，随着母亲的受教育程度的提高，大学生金钱态度的积极性呈现出增长的态势。各组的具体数据如表 4 − 132 所示。

第六，家庭成员健康状况和评估的父母财经知识。家庭成员健康状况和大学生金钱态度之间的 Pearson 相关系数为 0.082（α = 0.01），即家庭成员健康状况越好，大学生的金钱态度越积极。评估的父母财经知识和大学生的金钱态度之间的 Pearson 相关系数为 0.250（α=0.01），即评估的父母财经知识越高，大学生的金钱态度就越积极。

表 4 - 132　母亲的受教育程度与大学生金钱态度之间的关系

受教育程度	频数	均值	标准差
初中及以下	1130	3.84	1.006
高中/中专/技校	590	3.91	1.031
大学本科/大专	432	4.04	1.046
硕士及以上	29	4.22	1.357
合计	2181	3.90	1.029

第十六节　投资风险

一、风险偏好的描述统计以及对其存在显著效应的人文统计变量

大学生在投资风险偏好五种类型的具体表现如表 4 - 133 所示。从表中的数据可以看出，保守型风险规避的大学生占到 6.2%；稳健型风险规避的大学生占到 17.6%；平衡型风险中立者占到 47.5%；积极型风险爱好者占到 23.8%；激进型风险爱好者占到 4.9%。从风险偏好高低的差异性来看，随着风险规避由高到低再由风险爱好由低到高，基本上呈现正态分布的特征。

表 4 - 133　大学生的投资风险偏好类型表现

风险偏好类型	频数	比例（%）
保守型（不愿意承担任何投资风险）	135	6.2
稳健型（只能承担较低风险而选择接受较低回报）	383	17.6
平衡型（只能承担平均风险而选择接受平均回报）	1037	47.5
积极型（为得到较高回报而承担较高风险）	519	23.8
激进型（为得到高回报而承担高风险）	107	4.9
合计	2181	100

由于投资风险偏好属于类别变量，本书把个人的人文统计变量作为列变量，投资风险偏好作为行变量，运用 Cross Tabulation 工具和 Pearson Chi - Square 检验，分析列变量和行变量之间的关系。有以下个人人文统计变量显著影响大学生的投资风险偏好。考虑到篇幅所限，未作家庭人文统计变量对大学生投资风险偏好的影响分析。

第一，性别。Pearson Chi - Square（df = 4）= 69.267，p = 0.000。数据分析发现，同为保守型风险偏好，保守型在男性群体中的占比显著高于它在女性群体中的占比；同为稳健型风险偏好，稳健型在男性群体中的占比显著高于它在女性群体中的占比；同为平衡型风险偏好，平衡型在女性群体中的占比显著高于它在男性群体中的占比；同为积极型风险偏好，积极型在女性群体中的占比显著高于它在男性群体中的占比（α = 0.05）。具体数据如表 4 - 134 所示。这也就是说，男大学生相比女大学生更可能成为投资风险规避者；女大学生相比男大学生更可能成为投资风险爱好者。

表 4 - 134　性别和大学生投资风险偏好之间的关系

投资风险偏好		性别		合计
		男	女	
保守型	Count	58a	77b	135
	% within 性别	10.9%	4.7%	6.2%
稳健型	Count	133a	250b	383
	% within 性别	25.0%	15.2%	17.6%
平衡型	Count	233a	804b	1037
	% within 性别	43.7%	48.8%	47.5%
积极型	Count	83a	436b	519
	% within 性别	15.6%	26.5%	23.8%
激进型	Count	26	81	107
	% within 性别	4.9%	4.9%	4.9%
合计	Count	533	1648	2181
	% within 性别	100%	100%	100%

注：a、b 代表在 α = 0.05 水平上，同一选项在性别之间的差异性。

第二，成长所在地。Pearson Chi - Square（df = 4）= 21.251，p = 0.000。数据分析发现，同为稳健风险偏好类型，稳健型在来自城市的大学生群体中的占比显著高于在来自农村的大学生群体中的占比；同为平衡型风险偏好类型，平衡型在来自城市的大学生群体中的占比显著高于在来自农村的大学生群体中的占比；同为风险爱好者（包括积极型和激进型），风险爱好者在来自农村的大学生群体中的占比显著高于在来自城市的大学生群体中的占比（$\alpha = 0.05$）。具体数据如表4-135所示。这也就是说，来自城市的大学生相比来自农村的大学生更可能成为稳健型风险偏好类型或者平衡型风险偏好类型；来自农村的大学生相比来自城市的大学生更可能成为投资风险爱好者（积极型和激进型）。

表4-135 成长所在地和大学生投资风险偏好之间的关系

投资风险偏好		成长所在地		合计
		农村	城市	
保守型	Count	60	75	135
	% within 成长所在地	6.1%	6.3%	6.2%
稳健型	Count	153a	230b	383
	% within 成长所在地	15.5%	19.3%	17.6%
平衡型	Count	444a	593b	1037
	% within 成长所在地	45.0%a	49.7%b	47.5%
积极型	Count	271a	248b	519
	% within 成长所在地	27.5%	20.8%	23.8%
激进型	Count	59a	48b	107
	% within 成长所在地	6.0%	4.0%	4.9%
合计	Count	987	1194	2181
	% within 成长所在地	100%	100%	100%

注：a、b代表在 $\alpha = 0.05$ 水平上，同一选项在成长所在地之间的差异性。

第三，月生活费。Pearson Chi-Square（df = 4）= 61.487，p = 0.000。数据分析发现，月生活费在800元及以下的大学生相比月生活费在800~2000元的大学生更可能成为保守型风险规避者；月生活费在2000元以上的大学生相比月生活费在800元及以下的大学生更可能成为稳健型风险规避者；月生活费在800~2000元和2000元以上的两组大学生相比月生活费在800元及以下的大学生更可能成为平衡型风险中立者；月生活费在800元及以下的大学生相比月生活费在2000元以上的大学生更可能成为积极型风险爱好者；月生活费在

800元及以下和"不清楚，没算过"两组的大学生相比月生活费在800~2000元和2000元以上的大学生更可能成为激进型风险爱好者（α=0.05）。具体数据如表4-136所示。

表4-136　月生活费和大学生投资风险偏好之间的关系

投资风险偏好		月生活费				合计
		≤800元	800元＜x≤2000元	2000元以上	不清楚，没算过	
保守型	Count	24a	84b	20a，b	7a，b	135
	% within 月生活费	12.5%	5.0%	8.1%	9.9%	6.2%
稳健型	Count	22a	297a，b	54b	10a，b	383
	% within 月生活费	11.5%	17.8%	22.0%	14.1%	17.6%
平衡型	Count	71a	813b	122b	31a，b	1037
	% within 月生活费	37.0%	48.6%	49.6%	43.7%	47.5%
积极型	Count	54a	407a，b	43b	15a，b	519
	% within 月生活费	28.1%	24.3%	17.5%	21.1%	23.8%
激进型	Count	21a	71b	7b	8a	107
	% within 月生活费	10.9%	4.2%	2.8%	11.3%	4.9%
合计	Count	192	1672	246	71	2181
	% within 月生活费	100%	100%	100%	100%	100%

注：a、b代表在α=0.05水平上，同一选项在月生活费之间的差异性。

第四，专业。Pearson Chi - Square（df=44）=65.136，p=0.021。由于本项目涉及的12个一级学科，列变量的水平较多，另外，行变量和列变量不同水平交叉的一些格子的频数较低，所以，本书不呈现这些数据的分布。

二、投资风险承担意愿的描述统计以及对其存在显著效应的人文统计变量

投资风险承担意愿四个关联题项的描述性统计结果如表4-137至表4-140所示。

表4-137对应的题项反映了大学生成为积极型风险爱好者的可能性，数据显示，38.8%的大学生可能成为积极型风险爱好者。表4-133显示，23.8%的大学生选择了积极型。表4-138对应的题项反映了大学生成为激进

型风险爱好者的可能性，数据显示，33.1%的大学生可能成为激进型风险爱好者。表4-133 显示，4.9%的大学生选择了激进型。表4-139 对应的题项反映了大学生成为保守型风险规避者的可能性，数据显示，46.5%的大学生可能成为保守型风险规避者。表4-133 显示，6.2%的大学生选择了保守型。表4-140 对应的题项反映了大学生成为稳健型风险中立的可能性，数据显示，46.5%的大学生可能成为稳健型风险中立者。表4-133 显示，17.6%的大学生选择了稳健型。上述数据呈现出，形成了同一类型的投资风险承担意愿显著大于投资风险偏好的情景，主要原因是，本书标注的投资额度仅占年收入较少的比例，于是对某种意愿产生了更高的可能性。

表4-137 "将年收入的10%投资于中等增长程度的共同基金"的描述性统计结果

水平	频数	比例（%）
非常不可能	124	5.7
不太可能	400	18.3
不太确定	812	37.2
有点可能	632	29.0
很有可能	213	9.8
合计	2181	100

均值：3.19；标准差：1.028

表4-138 "将年收入的5%投资于投机性很强的股票"的描述性统计结果

水平	频数	比例（%）
非常不可能	159	7.3
不太可能	446	20.4
不太确定	854	39.2
有点可能	553	25.4
很有可能	169	7.7
合计	2181	100

均值：3.06；标准差：1.028

表4-139 "将年收入的5%投资于保守型股票"的描述性统计结果

水平	频数	比例（%）
非常不可能	109	5.0
不太可能	313	14.4
不太确定	745	34.2
有点可能	704	32.3
很有可能	310	14.2
合计	2181	100

均值：3.36；标准差：1.050

表4-140 "将年收入的10%投资于政府债券（国库券）"的描述性统计结果

水平	频数	比例（%）
非常不可能	108	5.0
不太可能	296	13.6
不太确定	763	35.0
有点可能	633	29.0
很有可能	381	17.5
合计	2181	100

均值：3.40；标准差：1.077

　　上述涉及的四种投资类型：积极型、激进型、保守型和稳健型，各自投资额占年收入的10%、5%、5%和10%，这些比例都不是很高，即使全部损失，也不会影响投资者的正常生活，因此，本书将四个题项加总求均值，记为因子分，用这个因子分代表投资风险承担意愿。该变量的均值和标准差分别是3.25和0.836。本书把个人和家庭的人文统计变量作为自变量，投资风险承担意愿作为因变量，运用One-way ANOVA分析工具进行方差分析，有以下人文统计变量显著影响大学生的投资风险承担意愿。

　　第一，成长所在地。One-way ANOVA分析发现，$F_{(1, 2179)} = 14.254$，$p = 0.000$。来自城市的大学生的投资风险承担意愿（$M = 3.31$；$SD = 0.842$）显著高于来自农村的大学生的投资风险承担意愿（$M = 3.18$；$SD = 0.823$）。

　　第二，专业。One-way ANOVA分析发现，$F_{(11, 2169)} = 3.698$，$p = 0.000$。由于基于均值所计算的因变量的方差在自变量的各组间相等，故而，使用LSD多重比较法发现，学习经济学专业的大学生投资风险承担意愿显著高于学习教育学、文学、理学、工学的大学生关联的投资风险承担意愿，但它与学习哲学、法学、历史学、农学、医学、管理学和艺术类的大学生关联的投资风险承担意愿无显著差异（$\alpha = 0.05$）。各组的具体数据如表4-141、图4-22所示。

表4-141　专业与大学生投资风险承担意愿之间的关系

专业	频数	均值	标准差
哲学	7	3.64	0.888
经济学	475	3.36	0.830
法学	85	3.27	0.779
教育学	45	3.05	0.714
文学	234	3.06	0.839
历史学	11	3.05	1.303
理学	176	3.15	0.820
工学	417	3.17	0.812
农学	11	3.32	0.742
医学	57	3.32	0.920
管理学	634	3.34	0.836
艺术类	29	3.21	0.879
合计	2181	3.25	0.836

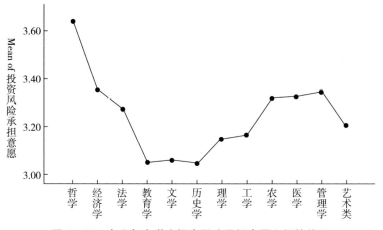

图4-22　专业与大学生投资风险承担意愿之间的关系

第三，月生活费。One-way ANOVA 分析发现，$F(3, 2177) = 7.714$，$p = 0.000$。由于基于均值所计算的因变量的方差在自变量的各组间相等，故而，使用 LSD 多重比较法发现，月生活费小于等于 800 元的大学生投资风险承担意愿显著小于月生活费为 800~2000 元以及 2000 元以上的两组大学生投资风险承担意愿，与"不清楚，没算过"的大学生没有显著差异（$\alpha = 0.05$）。总体而言，随着月生活费的提高，大学生投资风险承担意愿呈现增加的态势。各组的具体数据如表 4-142 所示。

表 4-142 月生活费与大学生投资风险承担意愿之间的关系

月生活费	频数	均值	标准差
≤800 元	192	2.98	0.884
800 元 < x ≤ 2000 元	1672	3.28	0.819
2000 元以上	246	3.30	0.864
不清楚，没算过	71	3.20	0.883
合计	2181	3.25	0.836

第四，父亲的职业。One-way ANOVA 分析发现，$F(9, 2171) = 3.056$，$p = 0.001$。由于基于均值所计算的因变量的方差在自变量的各组间相等，故而，使用 LSD 多重比较法发现，父亲的职业为企事业单位的管理人员的大学生投资风险承担意愿显著大于父亲职业为务农的大学生；父亲的职业为技术工人的大学生投资风险承担意愿显著大于父亲的职业为政府机关、党群组织的负责人或中高级官员，务农，其他职业和待业的大学生投资风险承担意愿；父亲的职业为政府或企事业单位普通员工的大学生投资风险承担意愿显著高于父亲的职业为务农和待业的大学生的投资风险承担意愿（$\alpha = 0.05$）。各组的具体数据如表 4-143 所示。

表 4-143 父亲的职业与大学生投资风险承担意愿之间的关系

父亲的职业	频数	均值	标准差
政府机关、党群组织的负责人或中高级官员	113	3.19	0.863
企事业单位的管理人员	179	3.26	0.862
专业技术人员或其他专业人士	82	3.22	0.900
技术工人	235	3.40	0.780
政府或企事业单位普通员工	269	3.35	0.840

续表

父亲的职业	频数	均值	标准差
个体户	351	3.30	0.816
自由职业者（泛指自由作家、动画师、程序员、配音师等自由工作的脑力劳动者）	29	3.28	0.814
务农	387	3.11	0.871
其他职业	471	3.26	0.808
待业	65	3.06	0.782
合计	2181	3.25	0.836

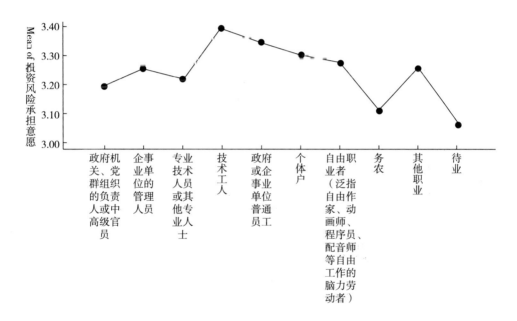

图 4 - 23　父亲的职业与大学生投资风险承担意愿之间的关系

第五，母亲的职业。One - way ANOVA 分析发现，F（9，2171）= 4.301，p = 0.000。由于基于均值所计算的因变量的方差在自变量的各组间相等，故而，使用 LSD 多重比较法发现，母亲的职业为政府机关、党群组织的负责人或中高级官员的大学生投资风险承担意愿显著小于母亲的职业为专业技术人员或其他专业人士、技术工人、政府或企事业单位普通员工、个体户、自由职业者、其他职业、待业七种职业对应的大学生投资风险承担意愿，但它与母亲的职业为企业事业单位的管理人员、务农对应的大学生的投资风险承担意愿无显著差异（α=0.05）。各组的具体数据如表4-144、图4-24所示。

表4-144 母亲的职业与大学生投资风险承担意愿之间的关系

母亲的职业	频数	均值	标准差
政府机关、党群组织的负责人或中高级官员	54	2.94	0.972
企事业单位的管理人员	129	3.20	0.874
专业技术人员或其他专业人士	51	3.36	0.749
技术工人	100	3.37	0.797
政府或企事业单位普通员工	308	3.45	0.822
个体户	346	3.27	0.812
自由职业者（泛指自由作家、动画师、程序员、配音师等自由工作的脑力劳动者）	34	3.32	0.791
务农	390	3.12	0.869
其他职业	504	3.24	0.797
待业	265	3.23	0.845
合计	2181	3.25	0.836

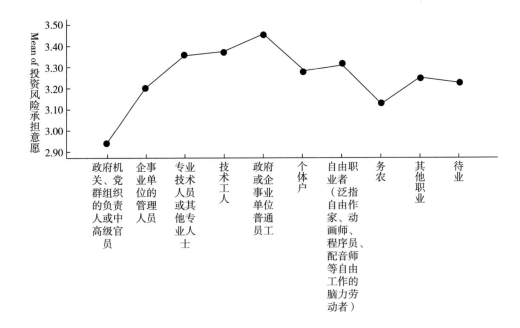

图4-24 母亲的职业与大学生投资风险承担意愿之间的关系

第六，家庭月收入。One-way ANOVA 分析发现，F（3，2177）=7.062，p=0.000。使用 LSD 多重比较法发现，家庭月收入在 5000 元及以下的大学生投资风险承担意愿显著低于家庭月收入在 5000～10000 元、10000～20000 元和 20000 元以上三组对应的大学生投资风险承担意愿（α=0.05）。总体而言，随着家庭月收入的提高，大学生的投资风险承担意愿呈现出增长的态势。具体数据如表 4-145 所示。

表 4-145 家庭月收入与大学生投资风险承担意愿之间的关系

家庭月收入	频数	均值	标准差
≤5000 元	786	3.15	0.834
5000 元＜x≤10000 元	799	3.29	0.825
10000 元＜x≤20000 元	411	3.32	0.847
20000 元以上	185	3.39	0.825
合计	2181	3.25	0.836

第十七节 债务的积极态度的描述统计以及对其存在显著效应的人文统计变量

债务的积极态度九个关联题项的描述性统计结果如表 4-146 至表 4-154 所示。除了"我觉得我对学生贷款的运作方式有很好的了解"这个题项的均值为 2.83，小于中值 3 之外，其他八个题项的均值均大于中值 3，说明大学生对债务的积极态度是正向的。另外，九个题项中，七个题项的标准差大于 1，说明大学生关于债务积极态度的反应总体分布离散程度比较高。

表 4-146 "我希望读完大学之后能赚更多的钱，因为我上过大学"的描述性统计结果

水平	频数	比例（%）
完全不同意	112	5.1
基本不同意	277	12.7
既不同意也不反对	806	37.0
基本同意	679	31.1
完全同意	307	14.1
合计	2181	100

均值：3.36；标准差：1.037

表4-147 "教育贷款是对未来的良好投资"的描述性统计结果

水平	频数	比例（%）
完全不同意	83	3.8
基本不同意	203	9.3
既不同意也不反对	795	36.5
基本同意	758	34.8
完全同意	342	15.7
合计	2181	100

均值：3.49；标准差：0.989

表4-148 "如果我有学位，我更有可能找到工作"的描述性统计结果

水平	频数	比例（%）
完全不同意	64	2.9
基本不同意	169	7.7
既不同意也不反对	607	27.8
基本同意	843	38.7
完全同意	498	22.8
合计	2181	100

均值：3.71；标准差：0.998

表4-149 "我十分清楚我要承担多少学生贷款债务"的描述性统计结果

水平	频数	比例（%）
完全不同意	184	8.4
基本不同意	269	12.3
既不同意也不反对	817	37.5
基本同意	555	25.4
完全同意	356	16.3
合计	2181	100

均值：3.29；标准差：1.134

表4-150 "离开大学并找到工作后，我将开始处理学生的债务"的描述性统计结果

水平	频数	比例（%）
完全不同意	262	12.0

水平	频数	比例（%）
基本不同意	255	11.7
既不同意也不反对	782	35.9
基本同意	566	26.0
完全同意	316	14.5
合计	2181	100

均值：3.19；标准差：1.183

表 4－151　"我觉得我对学生贷款的运作方式有很好的了解"的描述性统计结果

水平	频数	比例（%）
完全不同意	306	14.0
基本不同意	384	17.6
既不同意也不反对	965	44.2
基本同意	426	19.5
完全同意	100	4.6
合计	2181	100

均值：2.83；标准差：1.043

表 4－152　"我知道学生贷款的还款条件"的描述性统计结果

水平	频数	比例（%）
完全不同意	245	11.2
基本不同意	330	15.1
既不同意也不反对	850	39.0
基本同意	576	26.4
完全同意	180	8.3
合计	2181	100

均值：3.05；标准差：1.092

表 4－153　"我很清楚自己有多少信用卡和透支多少债务"的描述性统计结果

水平	频数	比例（%）
完全不同意	157	7.2
基本不同意	224	10.3

水平	频数	比例（%）
既不同意也不反对	771	35.4
基本同意	623	28.6
完全同意	406	18.6
合计	2181	100

均值：3.41；标准差：1.119

表 4-154 "学生债务的最佳用途是偿还我的大学费用"的描述性统计结果

水平	频数	比例（%）
完全不同意	254	11.6
基本不同意	248	11.4
既不同意也不反对	993	45.5
基本同意	510	23.4
完全同意	176	8.1
合计	2181	100

均值：3.05；标准差：1.065

本书将债务积极态度关联的九个题项加总求均值，记为因子分，用这个因子分代表债务积极态度，它的均值和标准差分别是 3.27 和 0.668。本书把个人和家庭的人文统计变量作为自变量，债务积极态度作为因变量，运用 One-way ANOVA 分析工具进行方差分析，有以下人文统计变量显著影响大学生的债务积极态度。

第一，成长所在地。One-way ANOVA 分析发现，$F(1, 2179) = 6.789$，$p = 0.009$。来自农村的大学生债务积极态度（$M = 3.31$；$SD = 0.681$）显著高于来自城市的大学生债务积极态度（$M = 3.23$；$SD = 0.655$）。

第二，月生活费。One-way ANOVA 分析发现，$F(3, 2177) = 5.842$，$p = 0.001$。由于基于均值所计算的因变量的方差在自变量的各组间相等，故而，使用 LSD 多重比较法发现，月生活费在 800 元及以下的大学生债务积极态度显著大于月生活费在 2000 元以上和"不清楚，没算过"两组大学生债务积极态度；月生活费在 800~2000 元的大学生债务积极态度也显著大于月生活费在 2000 元以上和"不清楚，没算过"两组大学生债务积极态度；月生活费在 800 元及以下的大学生债务积极态度和月生活费在 800~2000 元的大学生债务积极态度两者之间无差异（α=0.05）。总体而言，随着月生活费的提高，大学生关于债务积极态度呈现出下降的态势。各组的具体数据如表4-155所示。

表4-155　月生活费与大学生债务积极态度之间的关系

月生活费	频数	均值	标准差
≤800元	192	3.32	0.724
800元<x≤2000元	1672	3.29	0.654
2000元以上	246	3.12	0.710
不清楚，没算过	71	3.12	0.618
合计	2181	3.27	0.668

第三，父亲的职业。One-way ANOVA分析发现，F（9，2171）=2.667，p=0.004。由于基于均值所计算的因变量的方差在自变量的各组间相等，故而，使用LSD多重比较法发现，父亲的职业为企事业单位的管理人员的大学生债务积极态度显著小于父亲的职业为专业技术人员或其他专业人士、技术工人、政府或企事业单位普通员工、自由职业者、务农、其他职业六种职业对应的大学生债务积极态度；父亲的职业为企事业单位的管理人员的大学生债务积极态度与父亲的职业为政府机关、党群组织的负责人或中高级官员，个体户，待业的大学生关联的债务积极态度无差异（α=0.05）。各组的具体数据如表4-156所示。

表4-156　父亲的职业与大学生债务积极态度之间的关系

父亲的职业	频数	均值	标准差
政府机关、党群组织的负责人或中高级官员	113	3.22	0.729
企事业单位的管理人员	179	3.10	0.658
专业技术人员或其他专业人士	82	3.28	0.610
技术工人	235	3.29	0.667
政府或企事业单位普通员工	269	3.30	0.663
个体户	351	3.20	0.663
自由职业者（泛指自由作家、动画师、程序员、配音师等自由工作的脑力劳动者）	29	3.49	0.681
务农	387	3.31	0.706
其他职业	471	3.31	0.632

续表

父亲的职业	频数	均值	标准差
待业	65	3.27	0.637
合计	2181	3.27	0.668

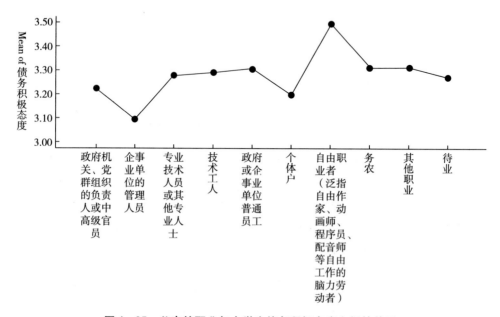

图 4 - 25　父亲的职业与大学生债务积极态度之间的关系

第四，父亲的受教育程度。One - way ANOVA 分析发现，F（3，2177）= 4.11，p = 0.006。由于基于均值所计算的因变量的方差在自变量的各组间相等，故而，使用 LSD 多重比较法发现，父亲的受教育程度为初中及以下的大学生债务积极态度显著高于父亲的受教育程度为高中/中专/技校、大学本科/大专两组大学生关联的债务积极态度；父亲的受教育程度为高中/中专/技校、大学本科/大专和硕士及以上三组大学生关联的债务积极态度无显著差异（α = 0.05）。总体而言，随着父亲的受教育程度的提高，大学生关于债务积极态度呈下降的态势。各组的具体数据如表 4 - 157 所示。

表 4 - 157　父亲的受教育程度与大学生债务积极态度之间的关系

受教育程度	频数	均值	标准差
初中及以下	986	3.32	0.674
高中/中专/技校	620	3.22	0.653

受教育程度	频数	均值	标准差
大学本科/大专	525	3.23	0.670
硕士及以上	50	3.16	0.635
合计	2181	3.27	0.668

第五，母亲的受教育程度。One – way ANOVA 分析发现，$F_{(3, 2177)}$ = 4.161，p = 0.006。由于基于均值所计算的因变量的方差在自变量的各组间相等，故而，使用 LSD 多重比较法发现，母亲的受教育程度为初中及以下的大学生债务积极态度显著高于母亲的受教育程度为高中/中专/技校和硕士及以上两组大学生关联的债务积极态度；母亲的受教育程度为高中/中专/技校的大学生债务积极态度显著高于母亲的受教育程度为硕士及以上的大学生关联的债务积极态度；母亲的受教育程度为硕士及以上大学生债务积极态度显著低于母亲的受教育程度为硕士以下的大学生债务积极态度（α = 0.05）。总体而言，随着母亲的受教育程度水平的提高，大学生关于债务积极态度呈现出下降的态势。各组的具体数据如表 4 – 158 所示。

表 4 – 158　母亲的受教育程度与大学生债务积极态度之间的关系

受教育程度	频数	均值	标准差
初中及以下	1130	3.30	0.676
高中/中专/技校	590	3.22	0.646
大学本科/大专	432	3.24	0.674
硕士及以上	29	2.97	0.570
合计	2181	3.27	0.668

第六，家庭月收入。One – way ANOVA 分析发现，$F_{(3, 2177)}$ = 4.616，p = 0.003。使用 LSD 多重比较法发现，家庭月收入在 5000 元及以下的大学生债务积极态度显著高于家庭月收入在 10000 ~ 20000 元和 20000 元以上两组对应的大学生的债务积极态度；家庭月收入在 5000 ~ 10000 元的大学生的债务积极态度显著高于家庭月收入在 10000 ~ 20000 元的大学生的债务积极态度；家庭月收入在 5000 元以下的大学生债务积极态度和家庭月收入在 5000 ~ 10000 元的大学生的债务积极态度没有显著差异（α = 0.05）。总体而言，随着家庭月收入的提高，大学生关于债务积极态度呈现出下降的态势。具体数据如表 4 – 159 所示。

表 4-159 家庭月收入与大学生债务积极态度之间的关系

家庭月收入	频数	均值	标准差
≤5000 元	786	3.90	0.781
5000 元 < x ≤ 10000 元	799	3.97	0.741
10000 元 < x ≤ 20000 元	411	4.02	0.753
20000 元以上	185	4.24	0.818
合计	2181	3.98	0.769

第十八节 债务的消极态度的描述统计以及对其存在显著效应的人文统计变量

债务的消极态度七个关联题项的描述性统计结果如表 4-160 至表 4-166 所示。七个题项中均值最大的是"我作为学生所欠的债务对我的工作生活是一个不公平的开始",即为 2.46,其余的题项均值分布在 1.93~2.45,说明大学生对债务消极态度都比较低,与高的债务积极态度形成相互印证的关系。

表 4-160 "我担心我的债务将无法偿还"的描述性统计结果

水平	频数	比例（%）
完全不同意	488	22.4
基本不同意	677	31.0
既不同意也不反对	746	34.2
基本同意	221	10.1
完全同意	49	2.2
合计	2181	100

均值：2.39；标准差：1.011

表 4-161 "我用债务来支付良好的社交生活"的描述性统计结果

水平	频数	比例（%）
完全不同意	524	24.0
基本不同意	544	24.9
既不同意也不反对	794	36.4

续表

水平	频数	比例（%）
基本同意	247	11.3
完全同意	72	3.3
合计	2181	100

均值：2.45；标准差：1.074

表 4 - 162　"我作为学生所欠的债务对我的工作生活是一个不公平的开始"的描述性统计结果

水平	频数	比例（%）
完全不同意	477	21.9
基本不同意	568	26.0
既不同意也不反对	856	39.2
基本同意	218	10.0
完全同意	62	2.8
合计	2181	100

均值：2.46；标准差：1.028

表 4 - 163　"我用债务来支付奢侈品"的描述性统计结果

水平	频数	比例（%）
完全不同意	1064	48.8
基本不同意	389	17.8
既不同意也不反对	578	26.5
基本同意	121	5.5
完全同意	29	1.3
合计	2181	100

均值：1.93；标准差：1.044

表 4 - 164　"有时我无法入睡，因为我担心自己欠下的债务"的描述性统计结果

水平	频数	比例（%）
完全不同意	843	38.7
基本不同意	434	19.9
既不同意也不反对	657	30.1
基本同意	193	8.8

水平	频数	比例（％）
完全同意	54	2.5
合计	2181	100

均值：2.17；标准差：1.112

表 4 – 165 "我担心债务会影响我的成绩"的描述性统计结果

水平	频数	比例（％）
完全不同意	715	32.8
基本不同意	442	20.3
既不同意也不反对	709	32.5
基本同意	242	11.1
完全同意	73	3.3
合计	2181	100

均值：2.32；标准差：1.139

表 4 – 166 "我因为学生贷款而感到孤立"的描述性统计结果

水平	频数	比例（％）
完全不同意	898	41.2
基本不同意	431	19.8
既不同意也不反对	712	32.6
基本同意	110	5.0
完全同意	30	1.4
合计	2181	100

均值：2.06；标准差：1.030

　　本书将债务消极态度关联的七个题项加总求均值，记为因子分，用这个因子分代表债务消极态度，该变量的均值和标准差分别为2.25和0.759。本书把个人和家庭的人文统计变量作为自变量，债务消极态度作为因变量，运用One – way ANOVA 分析工具进行方差分析，有以下人文统计变量显著影响大学生的债务消极态度。

　　第一，性别。One – way ANOVA 分析发现，$F_{(1, 2179)} = 23.836$，$p = 0.000$。男性的债务消极态度（$M = 2.39$；$SD = 0.760$）显著高于女性（$M =$

2.21；SD = 0.759）。

第二，成长所在地。One - way ANOVA 分析发现，$F_{(1, 2179)} = 26.965$，$p = 0.000$。来自农村的大学生债务消极态度（M = 2.34；SD = 0.733）显著高于来自城市的大学生债务消极态度（M = 2.18；SD = 0.773）。

第三，感情状态。One - way ANOVA 分析发现，$F_{(2, 2178)} = 9.729$，$p = 0.000$。使用 LSD 多重比较法发现，处于其他状态的大学生的债务消极态度（M = 2.76；SD = 0.810）显著高于处于单身状态的大学生（M = 2.23，SD = 0.743）和处于恋爱状态的大学生（M = 2.28，SD = 0.788）。具体数据如表 4 - 167 所示。

表 4 - 167　感情状态与大学生债务消极态度之间的关系

感情状态	频数	均值	标准差
单身	1569	2.23	0.743
恋爱	575	2.28	0.788
其他	37	2.76	0.810
合计	2181	2.25	0.759

第四，月生活费。One - way ANOVA 分析发现，$F_{(3, 2177)} = 5.505$，$p = 0.001$。由于基于均值所计算的因变量的方差在自变量的各组间不相等，故而，使用 Dunnett C 多重比较法发现，月生活费在 800 元及以下的大学生债务消极态度显著大于月生活费在 800 ~ 2000 元和在 2000 元以上两组大学生债务消极态度，但它与"不清楚，没算过"的大学生无显著差异（$\alpha = 0.05$）。总体而言，除"不清楚，没算过"这一组大学生外，随着月生活费的提高，大学生关于债务消极态度呈下降的态势。各组的具体数据如表 4 - 168 所示。

表 4 - 168　月生活费与大学生债务消极态度之间的关系

月生活费	频数	均值	标准差
≤800 元	192	2.42	0.771
800 元 < x≤2000 元	1672	2.25	0.741
2000 元以上	246	2.13	0.846
不清楚，没算过	71	2.35	0.776
合计	2181	2.25	0.759

第五，父亲的职业。One – way ANOVA 分析发现，F（9, 2171）= 4.770，p = 0.000。由于基于均值所计算的因变量的方差在自变量的各组间相等，故而，使用 LSD 多重比较法发现，父亲的职业为企事业单位的管理人员的大学生债务消极态度显著小于父亲的职业为政府机关、党群组织的负责人或中高级官员和技术工人、个体户、自由职业者、务农、其他职业、待业七种职业对应的大学生债务消极态度；父亲的职业为农民的大学生债务消极态度显著高于父亲的职业为企事业单位的管理人员、专业技术人员或其他专业人士、技术工人、个体户四种职业的大学生债务消极态度；父亲的职业为政府机关、党群组织的负责人或中高级官员的大学生债务消极态度显著高于父亲的职业为企事业单位的管理人员的大学生债务消极态度，但与父亲为其他各类职业的大学生债务消极态度无显著差异（α = 0.05）。各组的具体数据如表 4 – 169、图 4 – 26 所示。

表 4 – 169　父亲的职业与大学生债务消极态度之间的关系

父亲的职业	频数	均值	标准差
政府机关、党群组织的负责人或中高级官员	113	2.24	0.815
企事业单位的管理人员	179	2.04	0.733
专业技术人员或其他专业人士	82	2.09	0.767
技术工人	235	2.22	0.755
政府或企事业单位普通员工	269	2.14	0.728
个体户	351	2.24	0.760
自由职业者（泛指自由作家、动画师、程序员、配音师等自由工作的脑力劳动者）	29	2.52	0.874
务农	387	2.35	0.769
其他职业	471	2.33	0.727
待业	65	2.44	0.785
合计	2181	2.25	0.759

第六，母亲的职业。One – way ANOVA 分析发现，F（9, 2171）= 3.920，p = 0.000。由于基于均值所计算的因变量的方差在自变量的各组间相等，故而，使用 LSD 多重比较法发现，母亲的职业为企事业单位的管理人员的大学生债务消极态度显著小于母亲的职业为政府机关、党群组织的负责人或中高级官员和技术工人、个体户、务农、其他职业、待业六种职业对应的大学生债务

消极态度；母亲的职业为务农的大学生债务消极态度显著高于母亲的职业为企事业单位的管理人员、政府或企事业单位普通员工、个体户三种职业的大学生债务消极态度；母亲的职业为政府机关、党群组织的负责人或中高级官员的大学生债务消极态度显著高于母亲的职业为企事业单位的管理人员的大学生债务消极态度，但与母亲为其他各类职业的大学生债务消极态度无显著差异（α = 0.05）。各组的具体数据如表 4 - 170、图 4 - 27 所示。

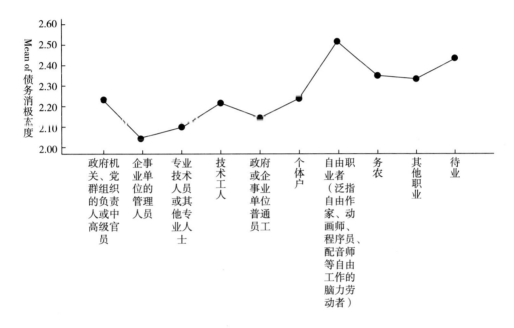

图 4 - 26 父亲的职业与大学生债务消极态度之间的关系

表 4 - 170 母亲的职业与大学生债务消极态度之间的关系

母亲的职业	频数	均值	标准差
政府机关、党群组织的负责人或中高级官员	54	2.33	0.833
企事业单位的管理人员	129	2.03	0.755
专业技术人员或其他专业人士	51	2.20	0.889
技术工人	100	2.31	0.764
政府或企事业单位普通员工	308	2.11	0.735
个体户	346	2.23	0.788
自由职业者（泛指自由作家、动画师、程序员、配音师等自由工作的脑力劳动者）	34	2.23	0.810

续表

母亲的职业	频数	均值	标准差
务农	390	2.36	0.758
其他职业	504	2.31	0.699
待业	265	2.25	0.777
合计	2181	2.25	0.759

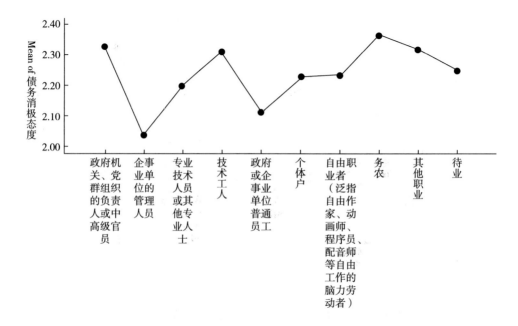

图 4 - 27　母亲的职业与大学生债务消极态度之间的关系

第七，父亲的受教育程度。One - way ANOVA 分析发现，F（3，2177）= 6.192，p = 0.000。由于基于均值所计算的因变量的方差在自变量的各组间相等，故而，使用 LSD 多重比较法发现，父亲的受教育程度为大学本科/大专的大学生债务消极态度显著小于父亲的受教育程度为初中及以下和高中/中专/技校的大学生债务消极态度；父亲的受教育程度为硕士及以上的大学生债务消极态度与父亲的受教育程度为硕士以下的大学生债务消极态度无显著差异（α = 0.05）。总体而言，随着父亲的受教育程度的提高，大学生债务消极态度呈降低的趋势。各组的具体数据如表 4 - 171 所示。

表4-171 父亲的受教育程度与大学生债务消极态度之间的关系

受教育程度	频数	均值	标准差
初中及以下	986	2.31	0.759
高中/中专/技校	620	2.26	0.735
大学本科/大专	525	2.14	0.763
硕士及以上	50	2.17	0.905
合计	2181	2.25	0.759

第八，母亲的受教育程度。One-way ANOVA 分析发现，F（3，2177）= 4.934，p = 0.002。由于基于均值所计算的因变量的方差在自变量的各组间不相等，故而，使用 Dunnett C 多重比较法发现，母亲的受教育程度为初中及以下的大学生债务消极态度显著高于母亲的受教育程度为大学本科/大专的大学生关联的债务消极态度；母亲的受教育程度为高中/中专/技校的大学生债务消极态度显著高于母亲的受教育程度为大学本科/大专的大学生关联的债务消极态度；母亲的受教育程度为硕士及以上大学生债务消极态度与母亲的受教育程度为硕士以下的大学生债务消极态度无显著差异（α = 0.05）。各组的具体数据如表4-172所示。

表4-172 母亲的受教育程度与大学生债务消极态度之间的关系

受教育程度	频数	均值	标准差
初中及以下	1130	2.28	0.748
高中/中专/技校	590	2.29	0.747
大学本科/大专	432	2.13	0.779
硕士及以上	29	2.29	0.965
合计	2181	2.25	0.759

第九，是否是独生子女。One-way ANOVA 分析发现，F（1，2179）= 12.363，p = 0.000。非独生子女的债务消极态度（M = 2.31；SD = 0.752）显著高于独生子女的债务消极态度（M = 2.19；SD = 0.764）。

第十，家庭月收入。One-way ANOVA 分析发现，F（3，2177）= 9.755，p = 0.000。使用 LSD 多重比较法发现，家庭月收入在 5000 元及以下的大学生债务消极态度显著高于家庭月收入在 5000~10000 元、10000~20000 元和 20000 元以上三组对应的大学生的债务消极态度；家庭月收入在 5000~10000

元的大学生的债务消极态度显著高于家庭月收入在 10000~20000 元的大学生的债务消极态度；家庭月收入大于 20000 元的大学生债务消极态度和家庭月收入在 5000~10000 元和 10000~20000 元的大学生债务消极态度没有显著差异（$\alpha = 0.05$）。总体而言，随着家庭月收入的提高，大学生债务消极态度呈降低的趋势。具体数据如表 4-173 所示。

表 4-173　家庭月收入与大学生债务消极态度之间的关系

家庭月收入	频数	均值	标准差
≤5000 元	786	2.36	0.756
5000 元 < x ≤ 10000 元	799	2.23	0.726
10000 元 < x ≤ 20000 元	411	2.13	0.777
20000 元以上	185	2.17	0.823
合计	2181	2.25	0.759

第十一，家庭成员健康状况和评估的父母财经知识。家庭成员健康状况和大学生的债务消极态度之间的 Pearson 相关系数为 -0.088（$\alpha = 0.01$），即家庭成员健康状况越好，大学生债务消极态度越低。评估的父母财经知识和大学生的债务消极态度之间的 Pearson 相关系数为 -0.105（$\alpha = 0.01$），即评估的父母财经知识越高，大学生债务消极态度越低。

第十九节　金融产品的使用状况关联的描述统计以及与关键人文统计变量之间的关系

本项目测量了十种金融产品在大学生群体中的持有状况。关于受访者持有的金融产品的数量在总体中的分布情况如表 4-174 所示。也就是说，没有一个大学生不持有一种金融产品，进一步而言，金融产品的普及率达到了100%。持有一种金融产品的大学生占比为 24.6%，持有两种金融产品的大学生占比为 29.7%，持有三种金融产品的大学生占比为 24.9%，持有四种金融产品的大学生占比为 13.7%。上述四个比例累计为 92.8%，即各类金融产品在大学生群体中的普及率还不是很高，主要源于大学生的收入主要来源于父母，没有足够的收入让其持有品种更广泛的金融产品。

表4-174　累计持有的金融产品的数量在总体中的分布情况

累计持有的金融产品的数量	频数	比例（%）	累计比例（%）
1	537	24.6	24.6
2	647	29.7	54.3
3	542	24.9	79.1
4	299	13.7	92.8
5	98	4.5	97.3
6	35	1.6	98.9
7	13	0.6	99.5
8	5	0.2	99.8
9	4	0.2	100
10	1	0.0	100
合计	2181	100	

受访者自己持有的金融产品类型、某种产品的回应在总回应中的比例和某种产品的回应在总样本中的比例如表4-175所示。

表4-175　自己持有金融产品类型的数量和回应

金融产品类型	频数	某种产品的回应在总回应中的比例（%）	某种产品的回应在总样本中的比例（%）
银行贷款	389	7.0	17.8
储蓄账户	1661	30.0	76.2
信用卡或花呗	1268	22.9	58.1
基金（如余额宝或理财通等）	954	17.3	43.7
股票和股份	174	3.1	8.0
保险	672	12.2	30.8
外汇	38	0.7	1.7
期货或黄金	111	2.0	5.1
债券	58	1.0	2.7
其他金融	205	3.7	9.4
合计	5530	100	253.6

对持有金融产品的熟悉人的数量、某类熟悉人在总回应的比例和对某类熟悉人的回应在总样本中的比例的计算结果如表4-176所示。

表4-176　对周围人持有的金融产品的知晓度和回应

周围人	持有金融产品的熟悉人的数量	某类熟悉人在总回应的比例（%）	对某类熟悉人的回应在总样本中的比例（%）
老师	1018	22.9	46.7
同学	980	22.1	44.9
家人或亲戚	1204	27.1	55.2
朋友	794	17.9	36.4
不知道	445	10.0	20.4
合计	4441	100	203.6

　　数据分析发现，所有大学生都持有金融产品。在样本总体中，金融产品被持有数量最多的前三项依次是储蓄账户（76.2%）、信用卡或花呗（58.1%）和基金（如余额宝或理财通等）（43.7%）。同时，还可以看到有少量的学生持有特殊的金融产品，如期货或黄金（5.1%）和外汇（1.7%）。另外，家人或亲戚（55.2%）、老师（46.7%）、同学（44.9%）和朋友（36.4%）都在现在或过去半年内购买过金融产品，也就是说，彼此熟悉的人对金融产品的使用习惯影响大学生对金融产品的持有水平。

　　从表4-177可以看出，男性（8.4%）持有银行贷款的比例略高于女性（6.5%）；女性（31.6%）持有储蓄账户的比例高于男性（25.6%）；男性（5.3%）持有股票的比例略高于女性（2.4%）。其他金融产品在男女之间的持有比例差异不大。

表4-177　性别和持有的金融产品类型之间的关系

金融产品类型		性别		合计
		男	女	
银行贷款	数量	123	266	389
	占比（%）	8.4	6.5	
储蓄账户	数量	375	1286	1661
	占比（%）	25.6	31.6	
信用卡或花呗	数量	329	939	1268
	占比（%）	22.5	23.1	
基金（如余额宝或理财通等）	数量	253	701	954
	占比（%）	17.3	17.2	

金融产品类型		性别		合计
		男	女	
股票和股份	数量	77	97	174
	占比（%）	5.3	2.4	
保险	数量	182	490	672
	占比（%）	12.4	12.0	
外汇	数量	14	24	38
	占比（%）	1.0	0.6	
期货或黄金	数量	36	75	111
	占比（%）	2.5	1.8	
债券	数量	21	37	58
	占比（%）	1.4	0.9	
其他金融	数量	53	152	205
	占比（%）	3.6	3.7	
合计		1463	4067	5530

注：基于回应的比例和总体。

月生活费和金融产品的持有类型存在显著的关联。月生活费在800元及以下（11.6%）和不清楚自己生活费（10.1%）的大学生持有银行贷款的人在各自组内的回应的比例高于月生活费为800~2000元（6.8%）以及2000元以上（5.2%）两组。月生活费高于2000元的学生（7.1%）相比月生活费在800元及以下（1.7%）和在800~2000元（2.4%）的学生更可能购买股票。其他金融产品的持有状况在月生活费四组间差异不是很明显。具体数据如表4－178所示。

表4－178　月生活费和持有的金融产品类型之间的关系

金融产品类型		月生活费				合计
		≤800元	800元<x≤2000元	2000元以上	不清楚，没算过	
银行贷款	数量	47	283	39	20	389
	占比（%）	11.6	6.8	5.2	10.1	
储蓄账户	数量	126	1285	199	51	1661
	占比（%）	31.0	30.7	26.8	25.6	
信用卡或花呗	数量	91	986	157	34	1268
	占比（%）	22.4	23.6	21.1	17.1	

金融产品类型		月生活费				合计
		≤800 元	800 元<x≤2000 元	2000 元以上	不清楚，没算过	
基金（如余额宝或理财通等）	数量	57	735	132	30	954
	占比（%）	14.0	17.6	17.8	15.1	
股票和股份	数量	7	102	53	12	174
	占比（%）	1.7	2.4	7.1	6.0	
保险	数量	46	500	101	25	672
	占比（%）	11.3	12.0	13.6	12.6	
外汇	数量	0	21	13	4	38
	占比（%）	0.0	0.5	1.7	2.0	
期货或黄金	数量	2	81	22	6	111
	占比（%）	0.5	1.9	3.0	3.0	
债券	数量	2	39	12	5	58
	占比（%）	0.5	0.9	1.6	2.5	
其他金融	数量	28	150	15	12	205
	占比（%）	6.9	3.6	2.0	6.0	
合计		406	4182	743	199	5530

注：基于回应的比例和总体。

　　家庭月收入和金融产品的持有类型存在显著的关联。家庭月收入在 5000 元及以下（9.6%）的大学生持有银行贷款的人在本组内的回应的比例高于家庭月收入在 5000~10000 元、10000~20000 元和 20000 元以上三组家庭每个组内的回应比例。其他金融产品的持有状况在家庭月收入四组间差异不是很明显。具体数据如表 4-179 所示。

表 4-179　家庭月收入和持有的金融产品类型之间的关系

金融产品类型		家庭月收入				合计
		≤5000 元	5000 元<x≤10000 元	10000 元<x≤20000 元	20000 元以上	
银行贷款	数量	181	128	54	26	389
	占比（%）	9.6	6.5	4.9	4.6	

金融产品类型		家庭月收入				合计
		≤5000 元	5000 元<x≤ 10000 元	10000 元<x≤ 20000 元	20000 元以上	
储蓄账户	数量	568	614	324	155	1661
	占比（%）	30.2	31.0	29.4	27.3	
信用卡或花呗	数量	436	471	249	112	1268
	占比（%）	23.2	23.8	22.6	19.7	
基金（如余额宝 或理财通等）	数量	303	347	203	101	954
	占比（%）	16.1	17.5	18.4	17.8	
股票和股份	数量	32	43	58	41	174
	占比（%）	1.7	2.2	5.3	7.2	
保险	数量	218	247	133	74	672
	占比（%）	11.6	12.5	12.1	13.0	
外汇	数量	6	6	11	15	38
	占比（%）	0.3	0.3	1.0	2.6	
期货或黄金	数量	25	38	26	22	111
	占比（%）	1.3	1.9	2.4	3.9	
债券	数量	16	17	13	12	58
	占比（%）	0.9	0.9	1.2	2.1	
其他金融	数量	94	71	30	10	205
	占比（%）	5.0	3.6	2.7	1.8	
合计		1879	1982	1101	568	5530

注：基于回应的比例和总体。

第二十节　财经行为合理性关联的描述统计以及与 关键人文统计变量之间的关系

财经行为合理性由四个题项构成，各个题项的描述性统计结果如表4－180 至表4－183 所示。从四个题项各个水平的所占的比例以及每个题项的均值的 表现可以看出，受访者量入为出、按时支付账单和关注自身财务状况的信念的 均值都大于4，不同意的比例在3.1%～3.6%，占比较低。相反，制定财务目标并努力实现它的均值小于 4，不同意的比例为 8.0%。总体来讲，受访者财经行为的合理性比较高，但是财经行为的目的性还不是很强。

表 4 - 180 "在买东西之前，我会仔细考虑能否负担得起"的描述性统计结果

水平	频数	比例（%）
完全不同意	23	1.1
比较不同意	43	2.0
中立	315	14.4
比较同意	738	33.8
完全同意	1062	48.7
合计	2181	100

均值：4.27；标准差：0.855

表 4 - 181 "我按时支付账单"的描述性统计结果

水平	频数	比例（%）
完全不同意	19	0.9
比较不同意	58	2.7
中立	280	12.8
比较同意	575	26.4
完全同意	1249	57.3
合计	2181	100

均值：4.36；标准差：0.868

表 4 - 182 "我会密切关注自己的财务事宜"的描述性统计结果

水平	频数	比例（%）
完全不同意	18	0.8
比较不同意	50	2.3
中立	356	16.3
比较同意	758	34.8
完全同意	999	45.8
合计	2181	100

均值：4.22；标准差：0.859

表4-183 "我制定了长期财务目标并努力实现这些目标"的描述性统计结果

水平	频数	比例（%）
完全不同意	42	1.9
比较不同意	132	6.1
中立	606	27.8
比较同意	830	38.1
完全同意	571	26.2
合计	2181	100

均值：3.81；标准差：0.958

本项目把上述四个题项加总求均值，记为因子分，计量财经行为合理性。它的均值为4.17，标准差为0.708。作为五级计量量表，可以看到大学生财经行为合理性非常高。本项目把个体和家庭人文统计变量作为自变量，财经行为合理性作为因变量，运用One-way ANOVA分析工具进行方差分析，有以下人文统计变量显著影响大学生财经行为合理性。

第一，性别。One-way ANOVA分析发现，女性的财经行为合理性显著大于男性的财经行为合理性，女性的均值为4.19（SD=0.688），男性的均值为4.11（SD=0.765），$F(1, 2179)=5.068$，$p=0.024$。

第二，成长所在地。来自城市的大学生的财经行为合理性的均值为4.21（SD=0.718），显著高于来自农村的大学生的财经行为合理性（M=4.11，SD=0.692），$F(1, 2179)=10.227$，$p=0.001$。

第三，成绩排名。方差分析显示，$F(3, 2177)=3.597$，$p=0.013$。由于基于均值所计算的因变量的方差在自变量的各组间不相等，故而，使用Dunnett C多重比较法发现，成绩排名在前10%和11%~20%的受访者财经行为合理性分别显著高于成绩排名在51%~100%的大学生；成绩排名在前10%与成绩排名在11%~20%、21%~50%两组对应的大学生财经行为合理性无显著差异（$\alpha=0.05$），亦即，随着个人成绩排名的下滑，受访者的财经行为合理性变得越来越低。具体数据如表4-184所示。

表4-184 大学生成绩排名与财经行为合理性之间的关系

成长排名	样本量	均值	标准差
前10%	747	4.19	0.734
11%~20%	637	4.19	0.670

续表

水平	样本量	均值	标准差
21% ~50%	606	4.16	0.690
51% ~100%	191	4.01	0.768
合计	2181	4.17	0.708

第四，月生活费。One - way ANOVA 分析发现，F（3，2177）= 3.944，p = 0.008。由于基于均值所计算的因变量的方差在自变量的各组间不相等，故而，使用 Dunnett C 多重比较法发现，"不清楚，没算过"的大学生财经行为合理性显著低于月生活费为 800 ~ 2000 元的大学生，但与月生活费在 800 元及以下和大于 2000 元的二组大学生的财经行为合理性无显著差异（α = 0.05）。各组的具体数据如表 4 - 185 所示。

表 4 - 185　大学生月生活费与财经行为合理性之间的关系

月生活费	样本量	均值	标准差
≤800 元	192	4.09	0.794
800 元 < x≤2000 元	1672	4.18	0.686
2000 元以上	246	4.17	0.749
不清楚，没算过	71	3.92	0.793
合计	2181	4.17	0.708

第五，父亲的职业。One - way ANOVA 分析发现，F（9，2171）= 2.200，p = 0.02。由于基于均值所计算的因变量的方差在自变量的各组间相等，故而，使用 LSD 多重比较法发现，父亲的职业是专业技术人员或其他专业人士的大学生的财经行为合理性显著高于父亲的职业是技术工人、政府或企事业单位普通员工、个体户、务农四种职业的大学生财经行为合理性（α = 0.05）。各组的具体数据如表 4 - 186、图 4 - 28 所示。

表 4 - 186　父亲的职业与大学生财经行为合理性之间的关系

父亲的职业	频数	均值	标准差
政府机关、党群组织的负责人或中高级官员	113	4.24	0.737
企事业单位的管理人员	179	4.27	0.763
专业技术人员或其他专业人士	82	4.38	0.642

续表

父亲的职业	频数	均值	标准差
技术工人	235	4.19	0.690
政府或企事业单位普通员工	269	4.19	0.696
个体户	351	4.12	0.705
自由职业者（泛指自由作家、动画师、程序员、配音师等自由工作的脑力劳动者）	29	4.18	0.641
务农	387	4.12	0.710
其他职业	471	4.11	0.685
待业	65	4.22	0.825
合计	2181	4.17	0.708

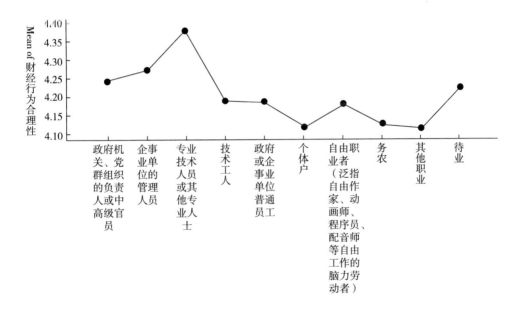

图4－28 父亲的职业与大学生财经行为合理性之间的关系

第六，父亲的受教育程度。One－way ANOVA 分析发现，F（3，2177）＝3.881，p＝0.009。由于基于均值所计算的因变量的方差在自变量的各组间相等，故而，使用 LSD 多重比较法发现，父亲的受教育程度为大学本科/大专的大学生的财经行为合理性显著高于父亲的受教育程度为初中及以下和高中/中专/技校的大学生的财经行为合理性（α＝0.05）。各组的具体数据如表4－187所示。

表 4 - 187　父亲的受教育程度与大学生财经行为合理性之间的关系

受教育程度	频数	均值	标准差
初中及以下	986	4.13	0.700
高中/中专/技校	620	4.14	0.689
大学本科/大专	525	4.26	0.722
硕士及以上	50	4.21	0.880
合计	2181	4.17	0.708

第七，母亲的受教育程度。One - way ANOVA 分析发现，$F_{(3, 2177)} = 3.632$，$p = 0.012$。由于基于均值所计算的因变量的方差在自变量的各组间不相等，故而，使用 Dunnett C 多重比较法发现，母亲的受教育程度为大学本科/大专的大学生的财经行为合理性显著高于母亲的受教育程度为初中及以下和高中/中专/技校的大学生的财经行为合理性（$\alpha = 0.05$）。各组的具体数据如表 4 - 188 所示。

表 4 - 188　母亲的受教育程度与大学生财经行为合理性之间的关系

受教育程度	频数	均值	标准差
初中及以下	1130	4.15	0.695
高中/中专/技校	590	4.13	0.707
大学本科/大专	432	4.25	0.707
硕士及以上	29	3.95	1.041
合计	2181	4.17	0.708

第八，家庭成员健康状况。One - way ANOVA 分析发现，$F_{(3, 2177)} = 6.072$，$p = 0.000$。由于基于均值所计算的因变量的方差在自变量的各组间相等，故而，使用 LSD 多重比较法发现，家庭成员健康状况良好的大学生的财经行为合理性显著高于家庭成员健康状况一般的大学生的财经行为合理性（$\alpha = 0.05$）。各组的具体数据如表 4 - 189 所示。

表 4 - 189　家庭成员健康状况与大学生财经行为合理性之间的关系

家庭成员健康状况	频数	均值	标准差
很差	9	4.06	0.864
较差	117	4.09	0.683

家庭成员健康状况	频数	均值	标准差
一般	698	4.08	0.710
良好	1357	4.22	0.703
合计	2181	4.17	0.708

第九，是否是独生子女。One – way ANOVA 分析发现，F（1，2179）= 5.594，p = 0.018。数据分析显示，独生子女家庭成长的大学生的财经行为合理性显著高于非独生子女家庭成长的大学生。具体数据如表 4 – 190 所示。

表 4 – 190　是否是独生子女与大学生财经行为合理性之间的关系

是否是独生子女	频数	均值	标准差
是	1020	4.20	0.723
否	1161	4.13	0.692
合计	2181	4.17	0.708

第十，家庭月收入。One – way ANOVA 分析发现，F（3，2177）= 3.237，p = 0.021。由于基于均值所计算的因变量的方差在自变量的各组间相等，故而，使用 LSD 多重比较法发现，家庭月收入在 5000 元及以下的受访者的财经行为合理性显著低于家庭月收入在 5000 元以上的三组受访者的财经行为合理性（α = 0.05）。各组的具体数据如表 4 – 191 所示。

表 4 – 191　家庭月收入与大学生财经行为合理性之间的关系

家庭月收入	频数	均值	标准差
≤5000 元	786	4.11	0.715
5000 元 < x ≤ 10000 元	799	4.18	0.680
10000 元 < x ≤ 20000 元	411	4.21	0.753
20000 元以上	185	4.25	0.675
合计	2181	4.17	0.708

第十一，评估父母的财经知识。One – way ANOVA 分析发现，F（6，2174）= 6.540，p = 0.000。由于基于均值所计算的因变量的方差在自变量的各组间不相等，故而，使用 Dunnett C 多重比较法发现，评估父母的财经知识处

于高水平的大学生的财经行为合理性显著高于评估父母的财经知识处于有些低、一般和有些高三种水平对应的大学生的财经行为合理性（α = 0.05）。各组的具体数据如表 4 – 192 所示。

表 4 – 192　评估父母的财经知识与大学生财经行为合理性之间的关系

评估父母的财经知识	频数	均值	标准差
非常低	39	4.14	0.731
低	114	4.14	0.676
有些低	352	4.16	0.663
一般	683	4.06	0.736
有些高	549	4.19	0.680
高	306	4.33	0.640
非常高	138	4.30	0.850
合计	2181	4.17	0.708

第二十一节　财经限制性的描述统计以及与关键人文统计变量之间的关系

财经限制性由两个题项构成，各个题项的描述性统计结果分别如表 4 – 193 和表 4 – 194 所示。从能否满足正常生活开支来看，40.6% 的受访者感到比较困难；从经济收入是否限制其做重要事情的能力来看，55.0% 的受访者认为存在这种现象。这两个题项的均值均超过中值 3，说明大学生感受到的经济限制性比较强。

表 4 – 193　"我会担心正常的生活费用的支出" 的描述性统计结果

水平	频数	比例（%）
完全不同意	183	8.4
比较不同意	479	22.0
中立	634	29.1
比较同意	659	30.2
完全同意	226	10.4

续表

水平	频数	比例（%）
合计	2181	100

均值：3.12；标准差：1.121

表4-194 "我的经济状况限制了我做对我很重要的事情的能力"的描述性统计结果

水平	频数	比例（%）
完全不同意	53	2.4
比较不同意	231	10.6
中立	696	31.9
比较同意	838	38.4
完全同意	363	16.6
合计	2181	100

均值：3.56；标准差：0.968

把这两个题项加总求均值，即为因子分，作为财经限制性的计量变量，其均值为3.34，标准差为0.897。本书把个体和家庭人文统计变量作为自变量，把财经限制性作为因变量，运用 One-way ANOVA 分析工具进行方差分析，有以下人文统计变量显著影响大学生财经限制性。

第一，成长所在地。One-way ANOVA 分析发现，$F(1, 2179) = 80.416$，$p = 0.000$。来自农村的大学生（$M = 3.528$；$SD = 0.811$）感受到的财经限制性显著大于来自城市的大学生（$M = 3.188$；$SD = 0.935$）。这主要是我国城乡居民收入差距所致。

第二，月生活费。One-way ANOVA 分析发现，$F(3, 2177) = 25.245$，$p = 0.000$。由于基于均值所计算的因变量的方差在自变量的各组间相等，故而，使用 LSD 多重比较法发现，月生活费在800元及以下的大学生感受到的财经限制性远高于月生活费在800~2000元、2000元以上以及"不清楚，没算过"的三组大学生（$\alpha = 0.05$）。"不清楚，没算过"的大学生财经限制性与800~2000元、2000元以上两组大学生的财经限制性无显著差异（$\alpha = 0.05$）。各组的具体数据如表4-195所示。总体来看，随着月生活费的提高，大学生感受到的财经限制性呈现下降的态势。月生活费和财经限制性之间的关系相互印证，证明了本书获取的数据质量比较高，具有较高的可信性。

表 4 - 195　月生活费与财经限制性之间的关系

月生活费	频数	均值	标准差
≤800 元	192	3.65	0.902
800 元 < x ≤2000 元	1672	3.37	0.867
2000 元以上	246	2.95	0.972
不清楚，没算过	71	3.18	0.854
合计	2181	3.34	0.897

第三，父亲的职业。One - way ANOVA 分析发现，$F_{(9, 2171)} = 8.991$，$p = 0.000$。由于基于均值所计算的因变量的方差在自变量的各组间相等，故而，使用 LSD 多重比较法发现，父亲的职业为务农的大学生感受到的财经限制性显著高于父亲的职业为政府机关、党群组织的负责人或中高级官员；企事业单位的管理人员；专业技术人员或其他专业人士；政府或企事业单位普通员工；个体户；其他职业的大学生对应的心理感受；父亲的职业为待业的大学生感受到的财经限制性显著高于父亲的职业为政府机关、党群组织的负责人或中高级官员，企事业单位的管理人员，专业技术人员或其他专业人士，政府或企事业单位普通员工，个体户，其他职业六种职业对应的大学生感受到的财经限制性（$\alpha = 0.05$）。各组的具体数据如表 4 - 196、图 4 - 29 所示。

表 4 - 196　父亲的职业与大学生财经限制性之间的关系

父亲的职业	频数	均值	标准差
政府机关、党群组织的负责人或中高级官员	113	3.10	0.964
企事业单位的管理人员	179	3.05	1.004
专业技术人员或其他专业人士	82	3.13	1.025
技术工人	235	3.48	0.840
政府或企事业单位普通员工	269	3.25	0.895
个体户	351	3.25	0.846
自由职业者（泛指自由作家、动画师、程序员、配音师等自由工作的脑力劳动者）	29	3.29	0.829
务农	387	3.58	0.849
其他职业	471	3.37	0.864
待业	65	3.62	0.829
合计	2181	3.34	0.897

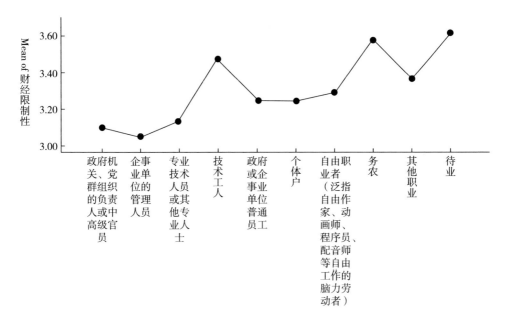

图 4 – 29　父亲的职业与大学生财经限制性之间的关系

第四，母亲的职业。One – way ANOVA 分析发现，F（9，2171）= 7.588，p = 0.000。由于基于均值所计算的因变量的方差在自变量的各组间相等，故而，使用 LSD 多重比较法发现，母亲的职业为务农的大学生感受到的财经限制性显著高于母亲的职业为政府机关、党群组织的负责人或中高级官员；企事业单位的管理人员；政府或企事业单位普通员工；个体户；其他职业的大学生对应的心理感受；母亲的职业为技术工人的大学生感受到的财经限制性显著高于母亲的职业为政府机关、党群组织的负责人或中高级官员，企事业单位的管理人员，专业技术人员或其他专业人士，政府或企事业单位普通员工，个体户，其他职业，待业七种职业对应的大学生感受到的财经限制性（α = 0.05）。各组的具体数据如表 4 – 197、图 4 – 30 所示。

表 4 – 197　母亲的职业与大学生财经限制性之间的关系

母亲的职业	频数	均值	标准差
政府机关、党群组织的负责人或中高级官员	54	3.05	1.001
企事业单位的管理人员	129	3.01	0.942
专业技术人员或其他专业人士	51	3.16	1.007
技术工人	100	3.51	0.843

母亲的职业	频数	均值	标准差
政府或企事业单位普通员工	308	3.17	0.934
个体户	346	3.32	0.828
自由职业者（泛指自由作家、动画师、程序员、配音师等自由工作的脑力劳动者）	34	3.26	0.845
务农	390	3.57	0.849
其他职业	504	3.37	0.877
待业	265	3.39	0.904
合计	2181	3.34	0.897

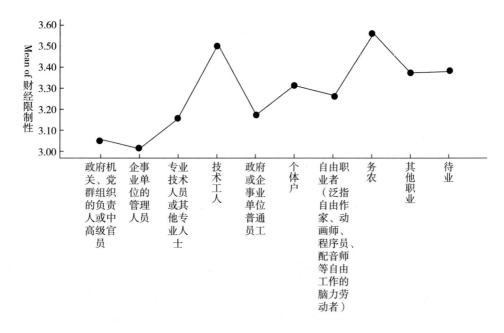

图 4 - 30 母亲的职业与大学生财经限制性之间的关系

第五，父亲的受教育程度。One - way ANOVA 分析发现，F(3，2177) = 26.864，p = 0.000。由于基于均值所计算的因变量的方差在自变量的各组间不相等，故而，使用 Dunnett C 多重比较法发现，父亲的受教育程度为初中及以下的大学生比父亲的受教育程度为大学本科/大专、硕士及以上的大学生感受到更多的财经限制性；父亲的受教育程度为初中及以下的大学生感受到的财经限制性与父亲的受教育程度为高中/中专/技校对应的大学生感受到的财经限制性无显著差异（α＝0.05）。各组的具体数据如表4－198所示。

表4－198　父亲的受教育程度与大学生财经限制性之间的关系

受教育程度	频数	均值	标准差
初中及以下	986	3.48	0.840
高中/中专/技校	620	3.37	0.869
大学本科/大专	525	3.07	0.949
硕士及以上	50	3.04	1.083
合计	2181	3.34	0.897

第六，母亲的受教育程度。One－way ANOVA 分析发现，$F_{(3, 2177)}$＝25.895，p＝0.000。由于基于均值所计算的因变量的方差在自变量的各组间不相等，故而，使用 Dunnett C 多重比较法发现，母亲的受教育程度为初中及以下的大学生相比母亲的受教育程度为高中/中专/技校、大学本科/大专、硕士及以上的大学生感受到更多的财经限制性；母亲的受教育程度为高中/中专/技校的大学生的财经限制性显著高于母亲的受教育程度为大学本科/大专、硕士及以上的大学生感受到更多的财经限制性（α＝0.05）。各组的具体数据如表4－199所示。总体来讲，随着母亲的受教育程度的提高，大学生感受到的财经限制性呈下降态势。

表4－199　母亲的受教育程度与大学生财经限制性之间的关系

受教育程度	频数	均值	标准差
初中及以下	1130	3.47	0.842
高中/中专/技校	590	3.32	0.895
大学本科/大专	432	3.08	0.959
硕士及以上	29	2.72	0.960
合计	2181	3.34	0.897

第七，家庭成员健康状况和评估的父母财经知识。家庭成员健康状况和大学生的财经限制性之间的 Pearson 相关系数为 －0.134（α＝0.01），即家庭成员健康状况越好，大学生感受到的财经限制性就越低。评估的父母财经知识和大学生的财经限制性之间的 Pearson 相关系数为 －0.125（α＝0.01），即评估的父母财经知识越高，大学生感受到的财经限制性就越低。

第八，是否是独生子女。One-way ANOVA 分析发现，F（1，2179）=44.534，p=0.000。非独生子女感受到的财经限制性（M=3.46；SD=0.851）显著高于独生子女感受到的财经限制性（M=3.21；SD=0.929）。

第九，家庭月收入。One-way ANOVA 分析发现，F（3，2177）=35.091，p=0.000。由于基于均值计算的因变量的方差在自变量的各组间相等，故而，使用 LSD 多重比较法发现，家庭月收入在 5000 元及以下的大学生感受到的财经限制性显著高于家庭月收入在 5000 元以上三组大学生感受到的财经限制性；家庭月收入在 5000~10000 元的大学生感受到的财经限制性显著高于 10000~20000 元和 20000 元以上两组家庭月收入对应的大学生感受到的财经限制性（α=0.05）。具体数据如表 4-200 所示。

表 4-200　家庭月收入与大学生财经限制性之间的关系

家庭月收入	频数	均值	标准差
≤5000 元	786	3.55	0.839
5000 元 < x ≤ 10000 元	799	3.33	0.855
10000 元 < x ≤ 20000 元	411	3.15	0.963
20000 元以上	185	2.94	0.925
合计	2181	3.34	0.897

第二十二节　个人负债的描述统计以及与关键人文统计变量之间的关系

个人负债的描述性统计结果如表 4-201 所示。从表中的数据可以判断，69.2% 的受访者没有个人负债，12.5% 的受访者有明显的个人负债。个人负债在样本总体中差异比较大，也就是说，有少数同学存在过重的个人负债。

表 4-201　个人负债的描述性统计结果

水平	频数	比例（%）
完全不同意	1073	49.2
比较不同意	436	20.0
中立	398	18.2

续表

水平	频数	比例（%）
比较同意	217	9.9
完全同意	57	2.6

均值：1.97；标准差：1.143

本书把个体和家庭人文统计变量作为自变量，个人负债作为因变量，运用 One – way ANOVA 分析工具进行方差分析，有以下人文统计变量显著影响个人负债。

第一，性别。One – way ANOVA 分析发现，$F(1, 2179) = 31.111$，$p = 0.000$。男性的个人负债（$M = 2.21$；$SD – 1.244$）显著高于女性的个人负债（$M = 1.89$；$SD = 1.098$）。

第二，年级。One – way ANOVA 分析发现，$F(3, 2177) = 4.346$，$p = 0.005$。由于基于均值所计算的因变量的方差在自变量的各组间相等，故而，使用 LSD 多重比较法发现，大一学生的个人负债显著低于大二和大三学生的个人负债，但与大四学生的个人负债无显著差异；大四学生的个人负债与大一、大二和大三学生的个人负债无显著差异（$\alpha = 0.05$）。各组具体的数据见表 4 – 202。

表 4 – 202　年级与个人负债之间的关系

年级	频数	均值	标准差
大一	182	1.71	1.044
大二	1008	1.95	1.131
大三	956	2.04	1.170
大四	35	1.97	1.098
合计	2181	1.97	1.143

第三，成长所在地。One – way ANOVA 分析发现，$F(1, 2179) = 33.050$，$p = 0.000$。来自农村的大学生（$M = 2.12$；$SD = 1.137$）个人负债显著大于来自城市的大学生（$M = 1.84$；$SD = 1.133$）。

第四，个人成绩排名。One – way ANOVA 分析发现，$F(3, 2177) = 8.665$，$p = 0.000$。由于基于均值所计算的因变量的方差在自变量的各组间相等，故而，使用 LSD 多重比较法发现，成绩排名在 51% ~ 100% 的受访者的个人负债显著高于前10%、11%～20%和21%～50%三个成绩排名段的受访者的个人负债（α=0.05）。总体而言，随着个人成绩排名次序的降低，个人负债呈现升高趋势。各组的具体数据如表4-203所示。

表4-203　个人成绩排名与个人负债之间的关系

成绩排名	频数	均值	标准差
前10%	747	1.87	1.135
11%～20%	637	1.92	1.108
21%～50%	606	2.03	1.147
51%～100%	191	2.31	1.212
合计	2181	1.97	1.143

第五，感情状态。One-way ANOVA 分析发现，$F_{(2, 2178)}=7.797$，$p=0.000$。由于基于均值所计算的因变量的方差在自变量的各组间不相等，故而，使用 Dunnett C 多重比较法发现，处于单身状态的个人负债显著低于处于恋爱和其他两种状态对应的大学生的个人负债；处于恋爱状态与处于其他状态的大学生的个人负债没有显著差异（α=0.05）。各组的具体数据如表4-204所示。

表4-204　感情状态与个人负债之间的关系

感情状态	频数	均值	标准差
单身	1569	1.91	1.111
恋爱	575	2.09	1.203
其他	37	2.38	1.341
合计	2181	1.97	1.143

第六，月生活费。One-way ANOVA 分析发现，$F_{(3, 2177)}=6.657$，$p=0.000$。由于基于均值所计算的因变量的方差在自变量的各组间相等，故而，使用 LSD 多重比较法发现，月生活费在800元及以下的大学生的个人负债远高于月生活费在800～2000元、2000元以上的两组大学生，但与"不清楚，没算过"的大学生个人负债无显著差异（α=0.05）。各组的具体数据如表4-205所示。

表 4 – 205　月生活费与个人负债之间的关系

月生活费	频数	均值	标准差
≤800 元	192	2.30	1.225
800 元 < x ≤2000 元	1672	1.94	1.126
2000 元以上	246	1.89	1.150
不清楚，没算过	71	2.10	1.161
合计	2181	1.97	1.143

第七，父亲的职业。One – way ANOVA 分析发现，$F_{(9, 2171)} = 8.991$，$p = 0.000$。由于基于均值所计算的因变量的方差在自变量的各组间不相等，故而，使用 Dunnett C 多重比较法发现，父亲的职业为务农的大学生感受到个人负债显著高于父亲的职业为企事业单位的管理人员、专业技术人员或其他专业人士、政府或企事业单位普通员工的大学生对应的个人负债（$\alpha = 0.05$）。各组的具体数据如表 4 – 206、图 4 – 31 所示。

表 4 – 206　父亲的职业与大学生个人负债之间的关系

父亲的职业	频数	均值	标准差
政府机关、党群组织的负责人或中高级官员	113	2.00	1.296
企事业单位的管理人员	179	1.75	1.146
专业技术人员或其他专业人士	82	1.71	1.000
技术工人	235	1.97	1.136
政府或企事业单位普通员工	269	1.77	1.029
个体户	351	1.99	1.133
自由职业者（泛指自由作家、动画师、程序员、配音师等自由工作的脑力劳动者）	29	2.00	1.225
务农	387	2.17	1.162
其他职业	471	1.98	1.117
待业	65	2.18	1.357
合计	2181	1.97	1.143

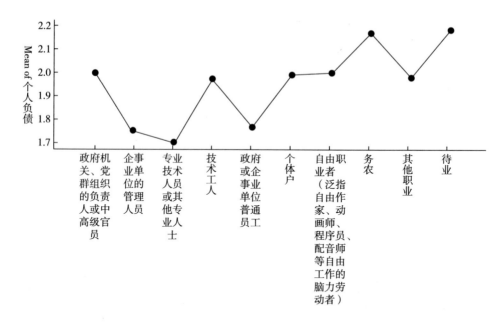

图 4 - 31 父亲的职业与大学生个人负债之间的关系

第八，母亲的职业。One - way ANOVA 分析发现，F（9，2171）=4.310，p = 0.000。由于基于均值所计算的因变量的方差在自变量的各组间不相等，故而，使用 Dunnett C 多重比较法发现，母亲的职业为务农的大学生感受到个人负债显著高于母亲的职业为专业技术人员或其他专业人士、政府或企事业单位普通员工的大学生对应的个人负债；母亲的职业为政府或企事业单位普通员工的大学生个人负债显著低于母亲的职业为个体户、务农、其他职业三种职业对应的大学生的个人负债（α = 0.05）。各组的具体数据如表 4 - 207 所示。

表 4 - 207 母亲的职业与大学生个人负债之间的关系

母亲的职业	频数	均值	标准差
政府机关、党群组织的负责人或中高级官员	113	2.00	1.296
企事业单位的管理人员	179	1.75	1.146
专业技术人员或其他专业人士	82	1.71	1.000
技术工人	235	1.97	1.136
政府或企事业单位普通员工	269	1.77	1.029
个体户	351	1.99	1.133

续表

母亲的职业	频数	均值	标准差
自由职业者（泛指自由作家、动画师、程序员、配音师等自由工作的脑力劳动者）	29	2.00	1.225
务农	387	2.17	1.162
其他职业	471	1.98	1.117
待业	65	2.18	1.357
合计	2181	1.97	1.143

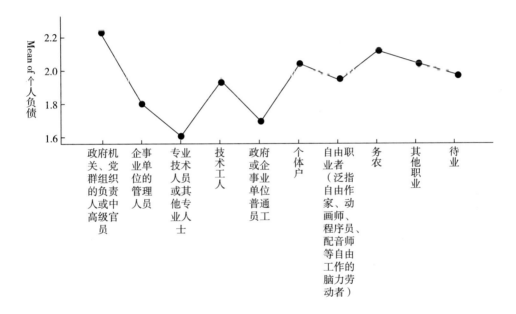

图 4 - 32　母亲的职业与大学生个人负债之间的关系

第九，父亲的受教育程度。One - way ANOVA 分析发现，$F(3, 2177) = 8.299$，$p = 0.000$。由于基于均值所计算的因变量的方差在自变量的各组间不相等，故而，使用 Dunnett C 多重比较法发现，父亲的受教育程度为初中及以下的大学生比父亲的受教育程度为大学本科/大专的大学生拥有更高的个人负债；父亲的受教育程度为高中/中专/技校的大学生比父亲的受教育程度为大学本科/大专的大学生拥有更高的个人负债（$\alpha = 0.05$）。各组的具体数据如表 4 - 208 所示。总体而言，随着父亲受教育程度的提高，大学生个人负债呈降低的态势。

表4-208　父亲的受教育程度与大学生个人负债之间的关系

受教育程度	频数	均值	标准差
初中及以下	986	2.06	1.150
高中/中专/技校	620	2.00	1.154
大学本科/大专	525	1.77	1.095
硕士及以上	50	1.76	1.135
合计	2181	1.97	1.143

第十，母亲的受教育程度。One-way ANOVA 分析发现，$F(3, 2177) = 5.214$，$p = 0.001$。由于基于均值所计算的因变量的方差在自变量的各组间相等，故而，使用 LSD 多重比较法发现，母亲的受教育程度为初中及以下的大学生比母亲的受教育程度为大学本科/大专的大学生拥有更高的个人负债；母亲的受教育程度为高中/中专/技校的大学生比母亲的受教育程度为大学本科/大专的大学生拥有更高的个人负债（$\alpha = 0.05$）。各组的具体数据如表4-209所示。总体而言，随着母亲受教育程度的提高，大学生个人负债呈降低的态势。

表4-209　母亲的受教育程度与大学生个人负债之间的关系

受教育程度	频数	均值	标准差
初中及以下	1130	2.04	1.153
高中/中专/技校	590	1.97	1.150
大学本科/大专	432	1.79	1.091
硕士及以上	29	1.76	1.154
合计	2181	1.97	1.143

第十一，家庭成员健康状况和评估的父母财经知识。家庭成员健康状况和大学生的个人负债之间的 Pearson 相关系数为 -0.150（$\alpha = 0.01$），即家庭成员健康状况越差，大学生的个人负债越高。评估的父母财经知识和大学生的个人负债之间的 Pearson 相关系数为 -0.118（$\alpha = 0.01$），即评估的父母财经知识越高，大学生的个人负债越低。

第十二，是否是独生子女。One-way ANOVA 分析发现，$F(1, 2179) = 13.404$，$p = 0.000$。非独生子女的个人负债（$M = 2.05$；$SD = 1.160$）显著高于独生子女的个人负债（$M = 1.87$；$SD = 1.117$）。

第十三，家庭月收入。One-way ANOVA 分析发现，$F(3, 2177) = 11.179$，

p = 0. 000。使用 Dunnett C 多重比较法发现，家庭月收入在 5000 元及以下的大学生拥有的个人负债显著高于家庭月收入在 5000 元以上三组大学生的个人负债（α = 0. 05）。具体数据如表 4 - 210 所示。

表 4 - 210　家庭月收入与大学生个人负债之间的关系

家庭月收入	频数	均值	标准差
≤5000 元	786	2. 15	1. 169
5000 元 < x ≤10000 元	799	1. 88	1. 085
10000 元 < x ≤20000 元	411	1. 83	1. 116
20000 元以上	185	1. 84	1. 243
合计	2181	1. 97	1. 143

第二十三节　吝啬挥霍特性的描述统计以及对其存在显著效应的人文统计变量

吝啬挥霍特性各个水平所表现的频数和比例如表 4 - 211 所示。从表中的数据可以看出，11 个水平都有所表现，适中所占的比例为 32. 8%，在所有的水平中占比排序最高。守财奴占比为 1. 0%，特别吝啬占比为 1. 5%，两者合计为 2. 5%。挥霍者占比为 1. 9%，特别大方的占比为 1. 0%，两者合计为 2. 9%。也就是说，经济上的慷慨性在两个极端占比都比较少。从守财奴到挥霍者各个水平的频数呈正态分布状。如图 4 - 33 所示。

表 4 - 211　吝啬挥霍特性的描述性统计

水平	频数	比例（%）
守财奴	21	1. 0
特别吝啬	32	1. 5
非常吝啬	94	4. 3
吝啬	153	7. 0
有点吝啬	366	16. 8
适中	716	32. 8
有点大方	402	18. 4

续表

水平	频数	比例（%）
大方	218	10.0
非常大方	117	5.4
特别大方	21	1.0
挥霍者	41	1.9
合计	2181	100

均值：6.13；标准差：1.728

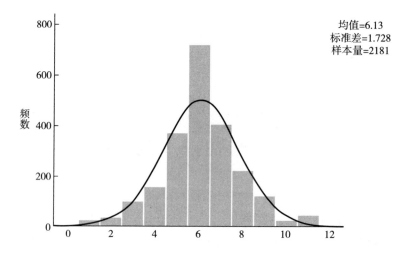

均值=6.13
标准差=1.728
样本量=2181

图 4 - 33 吝啬挥霍特性的描述性统计

本书把个人和家庭的人文统计变量作为自变量，吝啬挥霍特性作为因变量，运用 One - way ANOVA 分析工具进行方差分析，有如下人文统计变量显著影响大学生的吝啬挥霍特性倾向。

第一，性别。One - way ANOVA 分析发现，$F_{(1, 2179)} = 21.726$，$p = 0.000$。男性在经济上的慷慨性（$M = 6.44$；$SD = 1.802$）显著高于女性（$M = 6.04$；$SD = 1.693$）。

第二，成长所在地。One - way ANOVA 分析发现，$F_{(1, 2179)} = 23.489$，$p = 0.000$。来自城市的大学生经济上的慷慨性（$M = 6.30$；$SD = 1.709$）显著高于来自农村的大学生经济上的慷慨性（$M = 5.94$；$SD = 1.731$）。

第三，专业。One - way ANOVA 分析发现，$F_{(11, 2169)} = 2.139$，$p = 0.015$。由于基于均值所计算的因变量的方差在自变量的各组间相等，故而，使用 LSD 多重比较法发现，哲学专业的经济上的慷慨性显著大于经济学、法学、教育学、文学、理学、工学、医学、管理学和艺术类的大学生关联的经济上的慷慨性，但它与历史学、农学两个专业的大学关联的经济上的慷慨性不存在显著差异（α=0.05）。各组的具体数据如表 4-212、图 4-34 所示。

表 4-212　专业与大学生经济上的慷慨性之间的关系

专业	频数	均值	标准差
哲学	7	7.71	1.604
经济学	475	6.27	1.721
法学	85	6.27	2.067
教育学	45	5.76	1.612
文学	234	6.18	1.807
历史学	11	6.55	1.368
理学	176	5.82	1.886
工学	417	6.15	1.589
农学	11	7.18	1.991
医学	57	6.12	1.843
管理学	634	6.07	1.654
艺术类	29	5.97	2.195
合计	2181	6.13	1.728

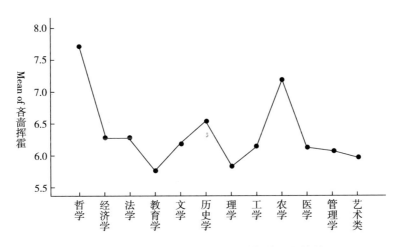

图 4-34　专业与大学生经济上的慷慨性之间的关系

第四，感情状态。One - way ANOVA 分析发现，F（2，2178）= 4.160，p = 0.016。使用 Dunnett C 多重比较法发现，处于恋爱状态的大学生（M = 6.31；SD = 1.836）比处于单身状态的大学生（M = 6.07；SD = 1.670）在经济上更慷慨。具体数据如表 4 - 213 所示。

表 4 - 213　感情状态与大学生经济上的慷慨性之间的关系

感情状态	频数	均值	标准差
单身	1569	6.07	1.670
恋爱	575	6.31	1.836
其他	37	6.27	2.219
合计	2181	6.13	1.728

第五，月生活费。One - way ANOVA 分析发现，F（3，2177）= 18.933，p = 0.000。由于基于均值所计算的因变量的方差在自变量的各组间相等，故而，使用 LSD 多重比较法发现，月生活费在 2000 元以上的大学生经济上的慷慨性远高于月生活费在 800 元及以下和 800 ~ 2000 元两组大学生对应的经济上的慷慨性（α = 0.05）。具体数据如表 4 - 214 所示。

表 4 - 214　月生活费与大学生经济上的慷慨性之间的关系

月生活费	频数	均值	标准差
≤800 元	192	5.71	1.965
800 元 < x ≤ 2000 元	1672	6.07	1.651
2000 元以上	246	6.84	1.833
不清楚，没算过	71	6.27	1.812
合计	2181	6.13	1.728

第六，父亲的职业。One - way ANOVA 分析发现，F（9，2171）= 5.138，p = 0.000。由于基于均值所计算的因变量的方差在自变量的各组间不相等，故而，使用 Dunnett C 多重比较法发现，父亲的职业为政府机关、党群组织的负责人或中高级官员的大学生经济上的慷慨性显著高于父亲的职业为技术工人、务农、其他职业、待业的大学生经济上的慷慨性（α = 0.05）。各组的具体数据如表 4 - 215、图 4 - 35 所示。

表4－215 父亲的职业与大学生经济上的慷慨性之间的关系

父亲的职业	频数	均值	标准差
政府机关、党群组织的负责人或中高级官员	113	6.77	1.852
企事业单位的管理人员	179	6.20	1.824
专业技术人员或其他专业人士	82	6.23	1.518
技术工人	235	5.94	1.567
政府或企事业单位普通员工	269	6.25	1.499
个体户	351	6.43	1.752
自由职业者（泛指自由作家、动画师、程序员、配音师等自由工作的脑力劳动者）	29	6.28	1.962
务农	387	5.89	1.750
其他职业	471	6.00	1.722
待业	65	5.66	2.079
合计	2181	6.13	1.728

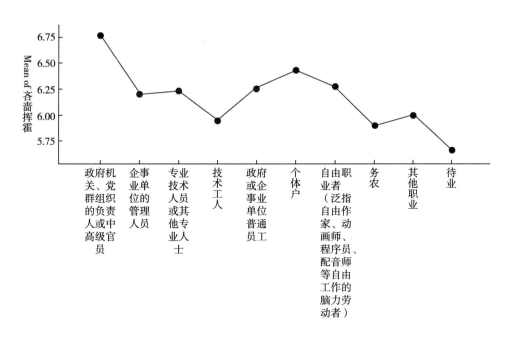

图4－35 父亲的职业与大学生经济上的慷慨性之间的关系

第七，母亲的职业。One－way ANOVA 分析发现，$F_{(9, 2171)} = 4.605$，$p = 0.000$。由于基于均值所计算的因变量的方差在自变量的各组间不相等，故而，使用 Dunnett C 多重比较法发现，母亲的职业为政府机关、党群组织的负

责人或中高级官员的大学生经济上的慷慨性显著高于母亲的职业为务农的大学
生经济上的慷慨性；母亲的职业为个体户的大学生经济上的慷慨性显著高于母
亲的职业为技术工人、务农和其他职业的大学生经济上的慷慨性（$\alpha = 0.05$）。
各组的具体数据如表 4-216 所示。

表 4-216　母亲的职业与大学生经济上的慷慨性之间的关系

母亲的职业	频数	均值	标准差
政府机关、党群组织的负责人或中高级官员	54	6.76	1.842
企事业单位的管理人员	129	6.40	1.847
专业技术人员或其他专业人士	51	6.35	1.885
技术工人	100	5.84	1.625
政府或企事业单位普通员工	308	6.22	1.540
个体户	346	6.45	1.711
自由职业者（泛指自由作家、动画师、程序员、配音师等自由工作的脑力劳动者）	34	6.38	1.615
务农	390	5.84	1.765
其他职业	504	6.02	1.658
待业	265	6.06	1.861
合计	2181	6.13	1.728

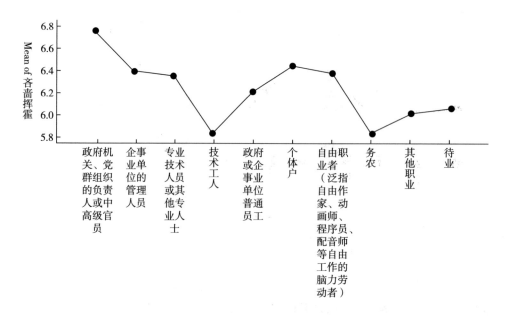

图 4-36　母亲的职业与大学生经济上的慷慨性之间的关系

第八，父亲的受教育程度。One – way ANOVA 分析发现，F（3，2177）=
9.581，p = 0.000。由于基于均值所计算的因变量的方差在自变量的各组间相
等，故而，使用 LSD 多重比较法发现，父亲的受教育程度为初中及以下的大
学生在经济上的慷慨性显著低于父亲的受教育程度为初中以上各组对应的大学
生经济上的慷慨性。父亲的受教育程度为硕士及以上的大学生经济上的慷慨性
显著高于父亲的受教育程度为硕士以下各组对应的大学生经济上的慷慨性
（α = 0.05）。各组的具体数据如表 4 – 217 所示。

表 4 – 217　父亲的受教育程度与大学生经济上的慷慨性之间的关系

受教育程度	频数	均值	标准差
初中及以下	986	5.93	1.744
高中/中专/技校	620	6.29	1.681
大学本科/大专	525	6.26	1.690
硕士及以上	50	6.80	1.938
合计	2181	6.13	1.728

第九，母亲的受教育程度。One – way ANOVA 分析发现，F（3，2177）=
8.504，p = 0.000。由于基于均值计算的因变量的方差在自变量的各组间相等，
故而，使用 LSD 多重比较法发现，母亲的受教育程度为初中及以下的大学生
经济上的慷慨性显著低于母亲的受教育程度为高中/中专/技校及其以上学历各
组对应的大学生经济上的慷慨性；母亲的受教育程度为硕士及以上的大学生经
济上的慷慨性显著高于母亲的受教育程度为硕士以下各组对应的大学生经济上
的慷慨性（α = 0.05）。各组的具体数据如表 4 – 218 所示。

表 4 – 218　母亲的受教育程度与大学生经济上的慷慨性之间的关系

受教育程度	频数	均值	标准差
初中及以下	1130	5.97	1.729
高中/中专/技校	590	6.27	1.685
大学本科/大专	432	6.30	1.722
硕士及以上	29	7.03	1.955
合计	2181	6.13	1.728

第十，家庭成员健康状况和评估的父母财经知识。家庭成员健康状况和大

学生经济上的慷慨性之间的 Pearson 相关系数为 0.085（α = 0.01），即家庭成员健康状况越好，大学生经济上的慷慨性越高。评估的父母财经知识和大学生经济上的慷慨性之间的 Pearson 相关系数为 0.217（α = 0.01），即评估的父母财经知识越高，大学生经济上的慷慨性越高。

第十一，是否是独生子女。One－way ANOVA 分析发现，$F_{(1, 2179)}$ = 4.349，p = 0.037。独生子女经济上的慷慨性（M = 6.22；SD = 1.689）显著高于非独生子女经济上的慷慨性（M = 6.06；SD = 1.759）。

第十二，家庭月收入。One－way ANOVA 分析发现，$F_{(3, 2177)}$ = 28.089，p = 0.000。使用 LSD 多重比较法发现，家庭月收入在 5000 元及以下的大学生经济上的慷慨性显著低于家庭月收入在 5000 元以上三组对应的大学生经济上的慷慨性；同时，家庭月收入大于 20000 元的大学生经济上的慷慨性显著高于家庭月收入在 20000 元及以下各组收入对应的大学生经济上的慷慨性（α = 0.05）。总体来看，随着家庭月收入的提高，大学生经济上的慷慨性呈现出增长的态势。具体数据如表 4－219 所示。

表 4－219　家庭月收入与大学生经济上的慷慨性之间的关系

家庭月收入	频数	均值	标准差
≤5000 元	786	5.82	1.750
5000 元 < x ≤ 10000 元	799	6.09	1.631
10000 元 < x ≤ 20000 元	411	6.45	1.660
20000 元以上	185	6.95	1.822
合计	2181	6.13	1.728

第二十四节　各个变量的相关性分析

本书使用 Bivariate Correlations 技术分析财经意识（延迟满足、克制力、冲动性）、财经知识（客观财经知识正确性）、财经技能（预算意向、维持预算的自我效能、认知需求、金融信息搜索的信心、长期金钱计划、广义的自我效能）、财经态度（财经态度、财经满意感、金钱态度、投资风险承担意愿、债务积极态度、债务消极态度）、财经行为（财经行为合理性、财经限制性、个人负债、持有金融产品数量、吝啬挥霍特性）五个方面 21 个变量之间的相关关系。

　　数据分析发现，延迟满足与以下 19 个变量呈显著的相关关系（ ＊＊ 表示 p ＜ 0.05；＊＊ 表示 p ＜ 0.01）：克制力（ r ＝ 0.581＊＊ ）、冲动性（ r ＝ 0.224＊＊ ）、客观财经知识的正确性（ r ＝ 0.090＊＊ ）、预算意向（ r ＝ 0.131＊＊ ）、维持预算的自我效能（ r ＝ 0.217＊＊ ）、认知需求（ r ＝ － 0.110＊＊ ）、金融信息搜索的信心（ r ＝ 0.408＊＊ ）、长期金钱计划（ r ＝ 0.485＊＊ ）、广义的自我效能（ r ＝ 0.709＊＊ ）、财经态度（ r ＝ 0.073＊＊ ）、财经满意感（ r ＝ 0.132＊＊ ）、金钱态度（ r ＝ 0.441＊＊ ）、投资风险承担意愿（ r ＝ 0.095＊＊ ）、债务的积极态度（ r ＝ 0.152＊＊ ）、债务的消极态度（ r ＝ － 0.157＊＊ ）、财经行为合理性（ r ＝ 0.192＊＊ ）、个人负债（ r ＝ － 0.084＊＊ ）、持有金融产品的数量（ r ＝ 0.078＊＊ ）、吝啬挥霍特性（ r ＝ 0.192＊＊ ）。

　　克制力与以下 11 个变量呈显著的相关关系：冲动性（ r ＝ 0.183＊＊ ）、预算意向（ r ＝ 0.046＊ ）、维持预算的自我效能（ r ＝ 0.123＊＊ ）、认知需求（ r ＝ － 0.175＊＊ ）、金融信息搜索的信心（ r ＝ 0.441＊＊ ）、长期金钱计划（ r ＝ 0.460＊＊ ）、广义的自我效能（ r ＝ 0.569＊＊ ）、财经满意感（ r ＝ 0.141＊＊ ）、金钱态度（ r ＝ 0.398＊＊ ）、财经行为合理性（ r ＝ 0.089＊＊ ）、吝啬挥霍特性（ r ＝ 0.155＊＊ ）。

　　冲动性与以下 17 个变量呈显著的相关关系：客观财经知识的正确性（ r ＝ － 0.072＊＊ ）、预算意向（ r ＝ － 0.139＊＊ ）、维持预算的自我效能（ r ＝ － 0.165＊＊ ）、认知需求（ r ＝ － 0.443＊＊ ）、金融信息搜索的信心（ r ＝ 0.273＊＊ ）、长期金钱计划（ r ＝ 0.208＊＊ ）、广义的自我效能（ r ＝ 0.169＊＊ ）、财经态度（ r ＝ － 0.213＊＊ ）、金钱态度（ r ＝ 0.103＊＊ ）、投资风险承担意愿（ r ＝ － 0.105＊＊ ）、债务的积极态度（ r ＝ － 0.097＊＊ ）、债务的消极态度（ r ＝ 0.223＊＊ ）、财经行为合理性（ r ＝ － 0.132＊＊ ）、财经限制性（ r ＝ 0.179＊＊ ）、个人负债（ r ＝ 0.179＊＊ ）、持有金融产品的数量（ r ＝ 0.052＊ ）、吝啬挥霍特性（ r ＝ 0.300＊＊ ）。

　　客观财经知识的正确性与以下 13 个变量呈显著的相关关系：预算意向（ r ＝ 0.200＊＊ ）、维持预算的自我效能（ r ＝ 0.228＊＊ ）、认知需求（ r ＝ 0.196＊＊ ）、广义的自我效能（ r ＝ 0.106＊＊ ）、财经态度（ r ＝ 0.071＊＊ ）、财经满意感（ r ＝ 0.069＊＊ ）、金钱态度（ r ＝ 0.057＊＊ ）、投资风险承担意愿（ r ＝ 0.279＊＊ ）、债务的积极态度（ r ＝ 0.228＊＊ ）、债务的消极态度（ r ＝ － 0.265＊＊ ）、财经行为合理性（ r ＝ 0.364＊＊ ）、个人负债（ r ＝ － 0.246＊＊ ）、持有金融产品的数量（ r ＝ 0.137＊＊ ）。

预算意向与以下 16 个变量呈显著关系：维持预算的自我效能（r = 0.654**）、认知需求（r = 0.231**）、金融信息搜索的信心（r = − 0.054*）、长期金钱计划（r = 0.059**）、广义的自我效能（r = 0.145**）、财经态度（r = 0.223**）、财经满意感（r = 0.060**）、金钱态度（r = 0.195**）、投资风险承担意愿（r = 0.351**）、债务的积极态度（r = 0.417**）、债务的消极态度（r = − 0.161**）、财经行为合理性（r = 0.231**）、财经限制性（r = − 0.061**）、个人负债（r = − 0.226**）、持有金融产品的数量（r = 0.083**）、吝啬挥霍特性（r = − 0.052**）。

维持预算的自我效能与以下 13 个变量呈显著关系：认知需求（r = 0.262**）、长期金钱计划（r = 0.092**）、广义的自我效能（r = 0.230**）、财经态度（r = 0.252**）、财经满意感（r = 0.097**）、金钱态度（r = 0.225**）、投资风险承担意愿（r = 0.351**）、债务的积极态度（r = 0.423**）、债务的消极态度（r = − 0.217**）、财经行为合理性（r = 0.253**）、财经限制性（r = − 0.141**）、个人负债（r = − 0.285**）、吝啬挥霍特性（r = − 0.101**）。

认知需求与以下 12 个变量呈显著关系：长期金钱计划（r = 0.092**）、广义的自我效能（r = 0.230**）、财经态度（r = 0.252**）、财经满意感（r = 0.097**）、金钱态度（r = 0.225**）、投资风险承担意愿（r = 0.351**）、债务的积极态度（r = 0.423**）、债务的消极态度（r = − 0.217**）、财经行为合理性（r = 0.253**）、财经限制性（r = − 0.141**）、个人负债（r = − 0.285**）、吝啬挥霍特性（r = − 0.101**）。

金融信息搜索的信心与以下 11 个变量呈显著关系：长期金钱计划（r = 0.689**）、广义的自我效能（r = 0.440**）、财经态度（r = − 0.136**）、财经满意感（r = 0.120**）、金钱态度（r = 0.374**）、投资风险承担意愿（r = − 0.081**）、债务消极态度（r = 0.159**）、财经限制性（r = 0.055*）、个人负债（r = 0.131**）、持有金融产品数量（r = 0.073**）、吝啬挥霍特性（r = 0.295**）。

长期金钱计划与以下 10 个变量呈显著关系：广义的自我效能（r = 0.496**）、财经满意感（r = 0.103**）、金钱态度（r = 0.468**）、债务积极态度（r = 0.074**）、债务消极态度（r = 0.055**）、财经行为合理性（r = 0.081**）、财经限制性（r = 0.057**）、个人负债（r = 0.088**）、持有金融产品数量（r = 0.080**）、吝啬挥霍特性（r = 0.170**）。

广义的自我效能与以下 11 个变量呈显著关系：财经态度（r = 0.052*）、

财经满意感（r = 0.148**）、金钱态度（r = 0.386**）、投资风险承担意愿（r = 0.137**）、债务积极态度（r = 0.163**）、债务消极态度（r = -0.193**）、财经行为合理性（r = 0.177**）、财经限制性（r = -0.077**）、个人负债（r = -0.107**）、持有金融产品数量（r = 0.088**）、吝啬挥霍特性（r = 0.228**）。

财经态度与以下 9 个变量呈显著关系：财经满意感（r = -0.054*）、金钱态度（r = 0.117**）、投资风险承担意愿（r = 0.246**）、债务积极态度（r = 0.211**）、债务消极态度（r = -0.231**）、财经行为合理性（r = 0.128**）、财经限制性（r = -0.162**）、个人负债（r = -0.294**）、吝啬挥霍特性（r = -0.229**）。

财经满意感与以下 7 个变量呈显著关系：金钱态度（r = 0.150**）、投资风险承担意愿（r = -0.049*）、债务消极态度（r = -0.124**）、财经行为合理性（r = 0.235**）、财经限制性（r = -0.117**）、个人负债（r = -0.136**）、吝啬挥霍特性（r = 0.043*）。

金钱态度与以下 7 个变量呈显著关系：投资风险承担意愿（r = 0.058**）、债务积极态度（r = 0.108**）、债务消极态度（r = -0.060**）、财经行为合理性（r = 0.228**）、个人负债（r = 0.-063**）、持有金融产品数量（r = 0.050*）、吝啬挥霍特性（r = 0.089**）。

投资风险承担意愿与以下 7 个变量呈显著关系：债务积极态度（r = 0.345**）、债务消极态度（r = -0.232**）、财经行为合理性（r = 0.150**）、财经限制性（r = -0.134**）、个人负债（r = -0.259**）、持有金融产品数量（r = 0.126**）、吝啬挥霍特性（r = -0.075**）。

债务积极态度与以下 4 个变量呈显著关系：财经行为合理性（r = 0.184**）、个人负债（r = -0.135**）、持有金融产品数量（r = 0.101**）、吝啬挥霍特性（r = -0.049*）。

债务消极态度与以下 5 个变量呈显著关系：财经行为合理性（r = -0.333**）、财经限制性（r = 0.173**）、个人负债（r = 0.375**）、持有金融产品数量（r = -0.053*）、吝啬挥霍特性（r = 0.099**）。

财经行为合理性与以下 4 个变量呈显著关系：财经限制性（r = 0.128**）、个人负债（r = -0.292**）、持有金融产品数量（r = 0.092**）、吝啬挥霍特性（r = -0.108**）。

财经限制性与以下 1 个变量呈显著关系：个人负债（r = 0.288**）。

个人负债与以下 1 个变量呈显著关系：吝啬挥霍特性（r = 0.146**）。

持有金融产品数量与以下 1 个变量呈显著关系：吝啬挥霍特性 （r = 0.073 ** ）。

上述 21 个变量的相关系数矩阵见附录 2。

本章小结

本章运用描述性统计方法报告了大学生财经素养关联的意识、知识、技能、态度和行为五个方面 23 个变量的均值、标准差，以及变量在不同水平间呈现的频数和比例，分析了个体人文统计特征变量和家庭人文统计特征变量对 23 个变量的效应，并在此基础上进行了多重组间比较分析。同时，在 23 个变量中抽选出 21 个连续变量，对它们进行了相关性分析。

第五章　结论与启示

第一节　结论

本书围绕描述大学生财经素养现状和人文统计特征变量对财经素养的效应两个研究目的，回顾了翔实的英文文献，根据本课题组先前积累的研究成果，设计了由财经意识、财经知识、财经技能、财经态度、财经行为、个体人文统计特征变量、家庭人文统计特征变量七个主体变量所构建的研究框架，在此基础上通过文献研究和小组访谈建立了变量的测量体系。借助四川省大学生财经素养大赛，把报名参赛学生作为样本框获取受访对象，取得的样本具有一定的代表性，取得的数据具有高质量的特性。运用可靠性分析、描述性统计分析、Cross Tabulation 分析、方差分析、多重对比分析、回归分析、相关分析等定量分析工作对数据进行了规范的研究，形成以下结论：

一、大学生的财经意识

本书用延迟满足、克制力和冲动性三个变量评判大学生的延迟满足能力。以三个变量测量题项结构中最小的均值所表现的各个不同水平的比例来看，49.5%的大学生延迟满足能力不足，50.5%的大学生延迟满足能力较强，47.9%的大学生的克制力不足，52.1%的大学生拥有较高的克制力，38.1%的大学生具有冲动型人格，61.9%的大学生的冲动性比较弱。

第一，大学生的延迟满足。六成多的大学生的延迟满足的能力比较强。成长所在地、专业、个人成绩排名、月生活费、父亲的职业、母亲的职业、父亲的受教育程度、母亲的受教育程度、家庭成员健康状况、评估父母的财经知识、是否是独生子女和家庭月收入十二个人文统计变量显著影响大学生的延迟满足。具体而言，来自城市的大学生延迟满足显著高于来自农村的大学生延迟满足。哲学专业的大学生延迟满足显著高于法学、理学、工学三个专业的大学生关联的延迟满足；经济学专业的大学生延迟满足显著高于理学、工学、管理学专业的大学生。随着个人成绩排名次序的降低，大学生的延迟满足的能力呈下降的态势。月生活费在2000元以上的大学生的延迟满足显著大于月生活费为800~2000元大学生关联的延迟满足。母亲的职业为企事业单位的管理人员、技术工人、自由职业者的大学生的延迟满足表现比较强。随着父亲的受教育程度或者母亲的受教育程度的提高，大学生延迟满足呈现出不断增长的态势。家庭成员健康状况越好，大学生延迟满足能力越强。父母的财经知识越高，大学生延迟满足能力就越高。独生子女的延迟满足显著高于非独生子女的延迟满足。随着家庭月收入的提高，大学生表现出来的延迟满足能力呈增长的态势。

第二，大学生的克制力。数据分析发现，五成多的大学生具有较强的克制力，但高克制力的大学生仅占5%。性别、专业、个人成绩排名、感情状态、家庭成员健康状况、评估父母的财经知识六个人文统计变量显著影响大学生的克制力。具体而言，男性的克制力显著高于女性。农学、经济学、艺术类专业的大学生的克制力比较强。随着个人成绩排名的降低，大学生表现的克制力随之降低。处于其他状态的大学生的克制力显著高于处于单身和恋爱状态的大学生。家庭成员健康状况越好，大学生的克制力就越高；评估父母的财经知识越高，大学生的克制力就越高。

第三，大学生的冲动性。最低有38%的大学生具有一定的冲动性，特别冲动的学生至少占到2.5%。性别、专业、是否是独生子女、父母的财经知识四个人文统计变量显著影响大学生的冲动性。具体而言，男性的冲动性显著高于女性；处于其他状态的大学生冲动性显著高于处于单身和恋爱状态的大学生；非独生子女的冲动性显著高于独生子女的冲动性。随着父母的财经知识的增加，大学生的冲动性呈增加的态势。

二、大学生的财经知识

本书使用财经知识的学习和财经知识两个变量评估大学生的财经知识。财经知识学习包括接受经济学教育的程度、获取财经知识的途径、每周学习财经知识的时长和日常使用经济学的知识量四个变量；财经知识包括客观财经知识、自我评估的财经知识（主观财经知识）。总体分析发现，大学生中有24.8%的受访者在教育体系中很少或者一点都没有接受过经济学知识的学习。说明未来在中国高等院校普及财经知识具有较强的必要性。大学生普遍认为获取财经知识的途径是非常方便的，可以非常轻松地、低成本地获得各类财经知识。但是，14.2%的大学生在学习财经知识方面不投入任何时间和精力，可能的原因在于77.1%的大学生认为平常很少或者一点都没有用到经济学的知识。然而，在客观题的测试中，50%的题都回答正确的人数累计为73.7%。29%的大学生自我评估的财经知识低于平均水平。

第一，关于财经知识的学习状况。本书研究发现，性别、年级、成长所在地、专业、月生活费五个人文统计变量显著影响接受经济学教育的程度。具体而言，女性接受经济学教育的程度高于男性；大一学生接受经济学教育的程度显著小于大二、大三和大四三个年级的大学生；来自城市的大学生接受经济学教育的程度显著高于来自农村的大学生；经济学和管理学专业的大学生接受经济学教育的程度显著高于绝大多数专业的学生；随着月生活费的提高，大学生接受经济学教育的程度呈增长的态势。

大学生获取财经知识的途径是比较广泛的。大学生可以非常方便地从财经新闻、社交媒体、学校教育或培训机构、他人提及、有关书籍、报纸杂志等媒体获得财经知识。获取财经知识的途径没有受到各类人文统计变量的影响。

关于学习财经知识的时长，不花费任何时间的大学生占到14.2%，每周学习财经知识不超过一小时的大学生占到了41.9%。说明现在有如此方便的财经知识学习途径，但是，一半多的大学生没有主动学习财经知识的意识。看来，高等院校要在校园内向大学生广泛宣传通过各类媒介自主学习财经知识对人生的意义和价值。学习财经知识的时长受到了成长所在地、专业、个人成绩排名和月生活费四个人文统计变量的影响。具体而言，来自城市的大学生学习时长高于来自农村的大学生；经济学和管理学专业的大学生学习财经知识的时长显著高于绝大多数专业的大学生；学习成绩排名在10%的大学生学习时长显著高于成绩排名在50%以后的学生；随着月生活费的提高，大学生学习财经知识的时长呈现增长的态势，也就是说，越没有钱的大学生在学习财经知识的时间上花费越短。

有77.1%的大学生认为平常很少或者一点都没有用到经济学的知识。日常使用经济学的知识量受到年级、专业和月生活费三个人文统计变量的影响。具体而言，随着年级的提高，大学生日常使用经济学的知识量呈下降的态势。主要原因在于金融产品没有随着年级的增加而增加，因此，高年级的大学生就不需要更多的经济学知识量来处理品种更多的金融产品。

专业对接受经济学教育的程度、学习财经知识的时长和日常使用经济学的知识量三个变量均产生了显著的影响。经济学和管理学专业的大学生接受经济学教育的程度、学习财经知识的时长均显著高于绝大多数专业的大学生，然而，经济学和管理学专业的大学生日常使用经济学的知识量却显著小于绝大多数专业的大学生，这样产生了看似矛盾的结论。可能的原因是，日常使用经济学知识量的参考点是正规课程体系所涉及的知识量，经济学和管理学专业的同学的参考点过高，非经济学和管理学专业的同学的参考点太少。

月生活费处于"不清楚，没算过"的大学生日常使用经济学的知识量显著大于月生活费在800~2000元和2000元以上两组大学生。也就是说，对日常生活不进行预算和决算的大学生反而对财经知识有更多的依赖。进一步讲，对自己的日常生活花多少钱都说不清的大学生更需要财经知识的帮助，只有这样才能做出合理的财经决策和关联的行为。

第二，关于财经知识。本项目设计的财经知识由客观财经知识和自我评估的财经知识两部分构成。这里所说的财经知识是常识性的，不是专业的，更不是复杂的知识。本项目测试的客观财经知识由16道题构成。16道题都回答正确的仅7人，占总体的0.3%。8道题都回答正确，也就是50%的题都回答正确的占比为73.7%，换言之，另外50%的题都无法回答正确的占比为26.3%。我们认为常识性的财经知识不懂的人，基本上在财经素养上就属于一个自主性低的人，或者说容易被骗和被忽悠的人，而这样的大学生占到了26.3%。这还是高文化素质的大学生，放在低学历的人群层面，这样的人占比更多。我国为什么经常出现财经类骗局和陷阱？这一列数据实实在在地证明了"傻子太多，骗子不够用"这样一个黑色幽默在中国是一个真实的存在。因此，严厉打击商业骗子，尽心保护财经素养低自主性群体的财产利益是我国政府的重要使命和不可推脱的职责。同时，国民教育和高等教育也应该主动承担起提升学生财经素养的义务。

民族、年级、成长所在地、专业、个人成绩排名和月生活费六个人文统计变量显著影响客观财经知识。具体而言，汉族同学的客观财经知识多于少数民族同学；随着年级的提高，大学生客观财经知识水平呈增长的态势；来自城市的大学生的客观财经知识多于来自农村的大学生；学习经济学和管理学的大学生的客观财经知识的理解高于绝大多数专业的大学生；随着个人成绩排名次序的降低，大学生的客观财经知识水平呈下降的态势；除了"不清楚，没算过"的大学生外，随着月生活费的提高，大学生的客观财经知识水平呈现出增长的态势。

把自我评估的财经知识分为七个水平，随着自我评估知识的提高，答对客观知识题的数量随之提高，自我评估知识处于五级的水平，答对客观知识题的数量达到最高峰，随后，随着自我评估知识的提高，答对客观知识题的数量则处于下降状态。

三、大学生的财经技能

本项目运用入不敷出时的决策、参与自己家庭的金钱决策、预算、认知需求、金融信息搜索的信心、长期金钱计划、广义的自我效能七个变量测试大学生的财经技能。总体研究发现，64.9%的大学生参与自己家庭的金钱决策，另35.1%的大学生表示则不会参与。当面临入不敷出的困窘时，大学生一般通过节流、开源、变卖、借款和贷款五种方式处理困局，但是，尚有2.8%的大学生面对财务困窘却不知所措。在样本总体中仅有5.7%的大学生从不做预算。绝大多数大学生比较清楚预算在日常生活中的作用，通过预算筹划未来。以预算意向和预算的自我效能两个变量测量题项结构中最小的均值所表现的各个不同水平的比例来看，32.1%的大学生预算意向强烈；23.1%的大学生预算意向微弱。48.1%的大学生预算的自我效能高；15.4%的大学生预算的自我效能低。以认知需求、金融信息搜索的信心、长期金钱计划和广义的自我效能四个变量测量题项结构中最小的均值所表现的各个不同水平的比例来看，60.3%的大学生认知需求高，39.7%的大学生认知需求低；39.8%的大学生金融信息搜索的信心高，60.2%的大学生金融信息搜索的信心低；44.8%的大学生具备长期金钱计划能力，55.2%的大学生不太具备长期金钱计划能力；63.8%的大学生广义的自我效能高，26.2%的大学生广义的自我效能低。

第一，关于参与自己家庭的金钱决策。本书研究显示，当大学生是独生子女时更会参与家庭的金钱决策；当大学生不是独生子女时，更不会参与家庭的金钱决策。

第二，关于入不敷出时的决策。当大学生面临入不敷出的窘迫时，从节流角度看，59.4%的大学生选择了减少支出（节流）；21.6%的大学生选择了打些零工赚钱（开源）；8.1%的受访者选择向父母要；6.1%的大学生选择出售自己拥有的东西（变卖）；1.1%的大学生选择向同学借款；0.6%的大学生选择网络借贷；2.8%的大学生不知道怎么办。性别、成长所在地和是否是独生子女三个二分变量显著影响大学生入不敷出时的决策。具体而言，女性相比男性更倾向于减少支出；男性相比女性更倾向于出售我拥有的东西或者向同学借款。来自城市的大学生相比来自农村的大学生更倾向于出售所拥有的东西，或者向父母要钱；来自农村的大学生相比来自城市的大学生更倾向于打些零工赚钱或者向同学借款。独生子女相比非独生子女更倾向于减少支出；非独生子女相比独生子女更倾向于打零工赚钱。

第三，关于大学生的预算。本项目使用预算的行为、意向和自我效能三个变量表述大学生的个人预算。

　　成长所在地、个人成绩排名、父亲的受教育程度、母亲的受教育程度四个人文统计变量显著影响大学生的预算习惯。具体而言，来自城市的大学生在总是使用预算的比例上显著高于来自农村的大学生；来自农村的大学生在偶尔使用预算的比例上显著高于来自城市的大学生。可能的原因是，来自农村的大学生可自由支配的收入低于来自城市的大学生，在日常生活中遭遇的消费场景的诱惑少于来自城市的大学生。从不做预算的人在大学生群体中是一个极少数的人群，成绩排名在21%～50%的大学生在从不预算的比例上显著高于成绩排名在前10%和11%～20%两组的大学生。个人成绩排名较差，一般情况下是一些自控力弱，自我管理规范低下，没有清晰高远的人生目标，不会对自己做计划的人，这种行为方式必然会反映在预算上。父亲的受教育程度为初中及以下的大学生偶尔预算的比例显著高于父亲的受教育程度为大学本科/大专的大学生偶尔预算的比例。母亲的受教育程度为硕士及以上的大学生总是使用预算的比例显著高于母亲的受教育程度为硕士以下的大学生。也就是说，母亲的受教育程度越高，理性思考的能力则越强，母亲会把这种理性观察世界、理性判断问题和积极筹划未来的理念言传身教给自己的子女。

　　性别、成长所在地、月生活费、母亲的职业、母亲的受教育程度、家庭月收入、评估父母的财经知识七个人文统计特征变量显著影响大学生预算意向。具体而言，女性的预算意向显著高于男性。来自城市的大学生的预算意向显著高于来自农村的大学生的预算意向。月生活费在800元及以下的大学生的预算意向远低于月生活费在800～2000元以及"不清楚，没算过"的两组大学生的预算意向。主要的原因在于把未来极其有限的收入分配到日常活动的项目数量有限，分配到每一个项目的金额也有限，按照以往的生活模式进行分配变成一种规律，就可以使得生活可以正常进行下去，如果再进行预算反而增添了贫穷的烦恼，于是这样的大学生认为预算的必要性和价值不足。母亲的职业为务农或者待业的大学生预算意向比较低下，主要是收入低，预算的必要性显得就不是很强了。母亲的受教育程度和大学生的预算意向之间呈倒"U"形的关系。家庭月收入在5000元及以下的大学生的预算意向显著低于家庭月收入在5000～10000元以及10000～20000元两组对应的大学生的预算意向。评估的父母财经知识越高，大学生的预算意向越高。

　　成长所在地、个人成绩排名、母亲的职业、母亲的受教育程度、家庭成员健康状况、评估父母的财经知识、是否是独生子女、家庭月收入显著影响大学生维持预算的自我效能。具体而言，来自城市的大学生维持预算的自我效能显著高于来自农村的大学生。随着个人成绩排名的下降，大学生维持预算的自我效能呈现出下降的态势。主要原因在于个人成绩排名降低了大学生对构建专业能力的信心和自尊，进而波及预算的效能。母亲的职业为务农、待业的大学生维持预算的自我效能相比个别职业较低。母亲的受教育程度为大学本科/大专的大学生维持预算的自我效能显著高于母亲的受教育程度为初中及以下和高中/中专/技校的大学生维持预算的自我效能。家庭成员健康状况越好，大学生维持预算的自我效能则越高。评估的父母财经知识越高，大学生维持预算的自我效能则越高。独生子女维持预算的自我效能显著高于非独生子女维持预算的自我效能。随着家庭月收入的提高，大学生维持预算的自我效能则越强。

　　第四，关于大学生的认知需求。总体而言，大学生的认知需求比较高，但总体分布离散程度高。性别、年级、成长所在地、个人成绩排名、感情状态、母亲的职业、评估父母的财经知识、是否是独生子女八个人文统计变量显著影响大学生的认知需求。具体而言，女性的认知需求显著高于男性。可能的原因是我国各个教育阶段高比例的女教师导致了我国新生代男性性格异化，进而降低了男性认知需求能力。这是个严肃的问题，需要进一步求证。大一学生的认知需求显著高于大二和大三两个年级的学生关联的认知需求。可能的原因是受高中时期高考指向性十分明确的状态下高强度的学习使高中生具有较高的认知需求，到了大一阶段，尚可把这种全神贯注的精神延续下来，到了大二、大三阶段，受到学习之外的其他因素的干扰，如恋爱、娱乐等，降低了大学生的认知需求。来自城市的大学生的认知需求显著高于来自农村的大学生的认知需求。随着个人成绩排名次序的下降，认知需求呈现下降的态势。处于恋爱状态的大学生和其他状态的大学生认知需求显著低于处于单身状态的大学生的认知需求，这可能是恋爱和其他感情因素的干扰导致的结果。母亲的职业为政府机关、党群组织的负责人或中高级官员的大学生的认知需求显著低于母亲职业为企事业单位的管理人员、专业技术人员或其他专业人士、技术工人、政府或企事业单位普通员工、个体户、务农、其他职业、待业的大学生的认知需求。评估的父母财经知识越高，大学生的认知需求越低。可能的原因是，父母的财经知识高，就容易精于计算收益和损失，由此可能会收集各类信息以期评估某个决策的收益率，这样可能会被一些无关的信息所侵扰，进而脱离了原有的主题，父母的这种思维方式传递到子女身上，进而导致子女的认知需求降低。独生子女的认知需求显著高于非独生子女的认知需求。

　　第五，关于金融信息搜索的信心。大学生对收集金融信息并做出关联决策和行为的能力和信心比较高。性别、年级、成长所在地、专业、个人成绩排名、感情状态、月生活费、父亲的职业、母亲的职业、父亲的受教育程度、母亲的受教育程度、家庭成员健康状况、评估父母的财经知识和家庭月收入十四个人文统计变量显著影响大学生的金融信息搜索的信心。具体而言，男性的信息搜索的信心显著高于女性。随着大学生年级的提高，大学生的金融信息搜索的信心呈现出增长的态势。来自城市的大学生的信息搜索的信心显著高于来自农村的大学生的信息搜索的信心。哲学专业的大学生信息搜索的信心显著大于法学、教育学、文学、理学、工学、医学和管理学专业的大学生关联的信息搜索的信心。随着个人成绩排名次序的下降，信息搜索的信心呈下降的态势。处于其他状态的大学生信息搜索的信心显著高于处于单身状态和处于恋爱状态的大学生。月生活费在 2000 元以上的大学生的信息搜索的信心显著高于月生活费为 800 元及以下、800～2000 元以及"不清楚，没算过"的三组大学生关联的信息搜索的信心。父亲的职业或者母亲的职业为政府机关、党群组织的负责人或中高级官员的大学生信息搜索的信心相比其他多个职业对应的大学生高。随着父亲或者母亲的受教育程度的提高，大学生信息搜索的信心呈上升的态势。家庭成员健康状况越好，大学生信息搜索的信心就越高。评估的父母财经知识越高，大学生信息搜索的信心就越高。随着家庭月收入的提高，大学生信息搜索的信心呈上升的态势。

第六，关于大学生长期金钱计划。大学生对长期金钱计划持正向积极的态度，但是表现出较高的离散特性。性别、成长所在地、个人成绩排名、感情状态、母亲的职业、父亲的受教育程度、母亲的受教育程度、家庭成员健康状况、评估父母的财经知识和家庭月收入十个人文统计变量显著影响大学生的长期金钱计划。具体而言，男性的长期金钱计划显著高于女性。来自城市的大学生的长期金钱计划显著高于来自农村的大学生的长期金钱计划。成绩排名在前 20% 的大学生的长期金钱计划显著高于成绩排名在 21%～50% 的大学生。处于其他状态的大学生长期金钱计划显著高于处于单身和恋爱状态的大学生。母亲职业为政府机关、党群组织的负责人或中高级官员的大学生长期金钱计划相比其他多个职业表现较好。随着父亲或者母亲的受教育程度的提高，大学生长期金钱计划的倾向性呈增长的态势。家庭成员健康状况越好，大学生长期金钱计划的倾向就越高。评估的父母财经知识越高，大学生长期金钱计划的倾向就越高。随着家庭月收入的提高，大学生长期金钱计划的倾向呈增长的态势。

第七，关于大学生的广义的自我效能。大学生的自我效能总体来讲普遍比较高，主要源于高等教育让大学生对从事某种行为并取得预期结果的能力判断增强。成长所在地、专业、个人成绩排名、月生活费、父亲的职业、母亲的职业、父亲的受教育程度、母亲的受教育程度、家庭成员健康状况、评估父母的财经知识、是否是独生子女和家庭月收入十二个人文统计变量显著影响大学生的广义自我效能。具体而言，来自城市的大学生广义的自我效能显著高于来自农村的大学生。农学专业的大学生广义的自我效能显著高于经济学、法学、教育学、文学、理学、工学、医学、管理学专业的大学生关联的广义的自我效能；艺术类专业的大学生自我效能显著高于法学、理学、工学专业的大学生的自我效能。随着个人成绩排名次序的下降，大学生广义的自我效能呈现出下降的态势。除了"不清楚，没算过"外，月生活费的提高，大学生广义的自我效能也随之提高。父亲的职业为政府机关、党群组织的负责人或中高级官员，企事业单位的管理人员，专业技术人员或其他专业人士的大学生广义的自我效能表现值高；母亲的职业为政府机关、党群组织的负责人或中高级官员，企事业单位的管理人员的大学生广义的自我效能表现值高。随着父亲或者母亲的受教育程度的提高，大学生广义的自我效能呈增长的态势；家庭成员健康状况越好，大学生广义的自我效能就越高；评估的父母财经知识越高，大学生广义的自我效能就越高；独生子女的自我效能显著高于非独生子女的自我效能；随着家庭月收入的提高，大学生广义的自我效能呈现出增长的态势。

四、大学生的财经态度

本书采取财经态度、财经满意度、金钱态度、投资风险、债务的积极态度、债务的消极态度六个变量评价大学生的财经态度。总体发现，大学生赞同即时满足的比例为14.5%，赞同延迟满足的比例为56.3%；大学生认为花钱比储蓄更重要的比例为28.5%；认为储蓄比花钱更重要的比例为30.8%。财经满意感反映了大学生对自身的财经状况的实际感受与预期目标之间的比较，这种比较差距越小，满意感就越高。数据分析显示，15.6%的大学生对自己的财经状况处于不满意状态；47.1%的大学生处于满意状态。整体的满意感为3.36，大于中值3，说明大学生整体上处于财经满意状态。以金钱态度、债务的积极态度、债务的消极态度三个变量测量题项结构中最小的均值所表现的各个不同水平的比例来看，54.8%的大学生金钱态度积极；45.2%的大学生金钱态度消极。24.1%的大学生债务的积极态度高；75.9%的大学生债务的积极态度低。6.8%的大学生债务的消极态度高；93.2%的大学生债务的消极态度低。保守型风险规避的大学生占到6.2%；稳健型风险规避的大学生占到17.6%；平衡型风险中立者占到47.5%；积极型风险爱好者占到23.8%；激进型风险爱好者占到4.9%。

第一，关于财经态度。财经态度反映了个体即时满足抑或延迟满足的愿望，以及能否正确处理储蓄和消费之间的关系。性别、个人成绩排名、母亲的职业和是否是独生子女四个变量影响财经态度。具体而言，女性财经态度的积极性高于男性；随着个人成绩排名次序的降低，大学生的财经态度的积极性呈现出下降的态势。也就是说，成绩越好的同学，财经态度越积极；成绩越差的同学，财经态度越消极。也就是说，成绩越好的同学，在消费方面越克制，延迟满足的信念强烈；成绩越差的同学，在消费方面越放纵，即时满足（活在当下）的愿望强烈。换言之，如果你的孩子成绩比较差，你就多给他一点钱，通过即时消费补偿他在学习上的差距。进一步而言，孩子的成绩越差，家长就要多在孩子身上花点钱。母亲的职业为专业技术人员或者其他专业人士的大学生财经态度的积极性表现比较突出；独生子女大学生的财经态度的积极性显著高于非独生子女的大学生。

第二，关于财经满意感。成长所在地、个人成绩排名、月生活费、父亲的职业、母亲的职业、父亲的受教育程度、母亲的受教育程度、家庭成员健康状况、评估父母的财经知识、是否是独生子女和家庭月收入十一个人文统计变量显著影响大学生的财经满意感。具体而言，来自城市的大学生财经满意感大于来自农村的大学生。个人成绩排名次序越靠后，财经满意感就越低。随着月生活费的提高，大学生的财经满意感呈现出增长的态势。父亲的职业或者母亲的职业为政府机关、党群组织的负责人或中高级官员的大学生的财经满意感相比多个职业突出。父亲的受教育程度越高，大学生财经满意感就越高。母亲的受教育程度为大学本科/大专的大学生的财经满意感显著高于母亲的受教育程度为初中及以下和高中/中专/技校的大学生的财经满意感。家庭成员健康状况越好，大学生的财经满意感越高。评估的父母财经知识越高，大学生的财经满意感越高。独生子女的财经满意感显著高于非独生子女的财经满意感。随着家庭月收入的提高，大学生的财经满意感呈现出增加的态势。

第三，关于金钱态度。大学生对金钱的态度整体上是积极的，但离差较大，有极少数大学生对金钱存在消极的观念。成长所在地、个人成绩排名、母亲的职业、父亲的受教育程度、母亲的受教育程度、家庭成员健康状况、评估父母的财经知识七个人文统计特征变量显著影响大学生的金钱态度。具体而言，来自城市的大学生对金钱态度的积极性显著高于来自农村的大学生对金钱的态度。成绩排名在前10%的大学生对金钱态度的积极性显著高于成绩排名在21%～50%和51%～100%两组对应的大学生。母亲的职业为专业技术人员或其他专业人士的大学生对金钱态度积极性表现较高；母亲的职业为个体户的大学生对金钱态度积极性较低。父亲的受教育程度为大学本科/大专的大学生的金钱态度的积极性显著高于父亲的受教育程度为初中及以下的大学生。随着母亲的受教育程度的提高，大学生金钱态度的积极性呈现出增长的态势。家庭成员健康状况越好，大学生的金钱态度越积极。评估的父母财经知识越高，大学生的金钱态度就越积极。

第四，关于大学生的投资风险。相比女性而言，男性更可能成为保守型风险规避者和稳健型风险规避者；相比男性，女性更可能成为平衡型风险中立者和积极型风险爱好者。相比来自农村的大学生，来自城市的大学生更可能成为稳健型风险规避者和平衡型风险中立者；相比来自城市的大学生，来自农村的大学生更可能成为积极型风险爱好者和激进型风险爱好者。月生活费在800～2000元的大学生相比月生活费在800元及以下的大学生更可能成为保守型风险规避者；月生活费大于2000元的大学生相比月生活费在800元及以下的大学生更可能成为稳健型风险规避者；月生活费在800～2000元和2000元以上的大学生相比月生活费在800元及以下的大学生更可能成为平衡型风险中立者或者积极型风险爱好者；月生活费在2000元以上的大学生相比月生活费在800元及以下的大学生更可能成为积极型风险爱好者。

成长所在地、专业、月生活费、父亲的职业、母亲的职业和家庭月收入六个人文统计变量显著影响大学生的投资风险承担意愿。具体而言，来自城市的大学生的投资风险承担意愿显著高于来自农村的大学生的投资风险承担意愿。经济学专业的大学生投资风险承担意愿显著高于教育学、文学、理学、工学专业的大学生关联的投资风险承担意愿。随着月生活费的提高，大学生投资风险意愿呈增加的态势。父亲的职业为技术工人的大学生投资风险承担意愿显著大于父亲的职业为政府机关、党群组织的负责人或中高级官员，务农，其他职业和待业的大学生投资风险承担意愿。母亲的职业为政府机关、党群组织的负责人或中高级官员的大学生投资风险承担意愿显著小于母亲的职业为专业技术人员或其他专业人士、技术工人、政府或企事业单位普通员工、个体户、自由职业者、其他职业、待业七种职业对应的大学生投资风险承担意愿。随着家庭月收入的提高，大学生的投资风险承担意愿呈增长的态势。

第五，关于债务的积极态度。大学生关于债务积极态度的反应总体上呈正向表现，但是离散程度比较高。成长所在地、月生活费、父亲的职业、父亲的受教育程度、母亲的受教育程度和家庭月收入六个人文统计变量显著影响大学生的债务积极态度。具体而言，来自农村的大学生债务积极态度显著高于来自城市的大学生。随着月生活费的提高，大学生对债务积极态度呈下降的态势。

父亲的职业为企事业单位的管理人员的大学生债务积极态度显著小于父亲的职业为专业技术人员或其他专业人士、技术工人、政府或企事业单位普通员工、自由职业者、务农、其他职业六种职业对应的大学生债务积极态度。随着父亲的受教育程度或者母亲的受教育程度的提高，大学生关于债务积极态度呈下降的态势。随着家庭月收入的提高，大学生关于债务积极态度呈下降的态势。

第六，关于债务的消极态度。大学生对债务消极态度都比较低，与高的债务积极态度形成相互印证的关系。有3%以下的大学生对债务消极态度表现比较极端。性别、成长所在地、感情状态、月生活费、父亲的职业、母亲的职业、父亲的受教育程度、母亲的受教育程度、家庭成员健康状况、评估父母的财经知识、是否是独生子女和家庭月收入十二个人文统计变量显著影响大学生债务的消极态度。具体而言，男性的债务消极态度显著高于女性。来自农村的大学生债务消极态度显著高于来自城市的大学生的债务消极态度。处于其他状态的大学生的债务消极态度显著高于处于单身和恋爱状态的大学生。除了"不清楚，没算过"这一组大学生外，随着月生活费的提高，大学生关于债务消极态度呈下降的态势。父亲的职业为企事业单位的管理人员的大学生债务消极态度显著小于父亲的职业为政府机关、党群组织的负责人或中高级官员，技术工人，个体户，自由职业者，务农，其他职业，待业七种职业对应的大学生债务消极态度；父亲的职业为务农的大学生债务消极态度显著高于父亲的职业为企事业单位的管理人员、专业技术人员或其他专业人士、技术工人、个体户四种职业的大学生债务消极态度。母亲的职业为企事业单位的管理人员的大学生债务消极态度显著小于母亲的职业为政府机关、党群组织的负责人或中高级官员，技术工人，个体户，务农，其他职业，待业六种职业对应的大学生债务消极态度；母亲的职业为务农的大学生债务消极态度显著高于母亲的职业为企事业单位的管理人员、政府或企事业单位普通员工、个体户三种职业的大学生债务消极态度。随着父亲的受教育程度的提高，大学生关于债务消极态度随之降低。母亲的受教育程度为初中及以下的大学生和母亲的受教育程度为高中/中专/技校的大学生债务消极态度分别显著高于母亲的受教育程度为大学本科/大专的大学生关联的债务消极态度。非独生子女的债务消极态度显著高于独生子女的债务消极态度。随着家庭月收入的提高，大学生关于债务消极态度随之降低。家庭成员健康状况越好，大学生的债务消极态度越低。评估的父母财经知识越高，大学生的债务消极态度越低。

五、大学生的财经行为

本书使用金融产品的使用情况、财经行为合理性、财经限制性、个人负债和吝啬挥霍特性五个变量测量大学生的财经行为。总体研究发现，100%的大学生至少持有一种金融产品，金融产品已经成为大学生日常生活的必需品。以财经行为合理性、财经限制性两个变量测量题项结构中最小的均值所表现的各个不同水平的比例来看，64.3%的大学生的财经行为具有较高的合理性；8.0%的大学生的财经行为具有较低的合理性。40.6%的大学生感受到较强的财经限制性；30.4%的大学生感受较低的财经限制性。12.5%的大学生感受到过重的个人负债；69.2%的大学生没有个人负债。从守财奴到挥霍者各个水平的频数分布的规律来看，大学生的吝啬挥霍特性呈正态分布状，守财奴占比为1.0%，适中的占比32.8%，挥霍者占比1.9%。

第一，关于金融产品的使用情况。在今天的世界里，离开了金融产品，人们几乎寸步难行。但是，我国大学生主要依赖于家庭的收入或者助学贷款生存，没有足够的收入让其持有品种更广泛的金融产品。在各类金融产品中，大学生持有率从高到低排列的五种产品依次是储蓄账户、信用卡或花呗、基金（如余额宝或理财通等）、保险、银行贷款。周围熟悉的人，如家人或亲戚、老师、同学和朋友对金融产品的持有类型和使用习惯影响大学生对某种金融产品的持有水平。数据分析显示，性别、月生活费、家庭月收入影响大学生持有金融产品的类型。从性别看，男性持有银行贷款或者股票的比例高于女性；女性持有储蓄账户的比例高于男性。从月生活费角度来看，月生活费高于2000元的大学生购买股票的可能性高于月生活费在800元及以下和800~2000元两组对应的大学生。家庭月收入在20000元以上的大学生比家庭月收入低于20000元的大学生更有可能购买股票和股份、外汇、期货或黄金；家庭月收入在5000元以下的大学生相比家庭月收入高的大学生更可能产生银行贷款。也就是说，家庭月收入越高和月生活费越高的大学生对投资理财产生了较高的兴趣，而家庭收入低的大学生却不得不面临银行贷款以期获得当前的生活费帮助其完成学业。超高收入家庭的大学生和超低收入家庭的大学生在金融产品的持有类型上形成对立的两种状态。

第二，关于财经行为合理性。只有合理的财经行为才能维持个人正常的生活秩序，才能避免陷入财经困境。数据分析发现，大学生具有非常高的财经行为合理性。

性别、居住所在地、个人成绩排名、月生活费、父亲的职业、父亲的受教育程度、母亲的受教育程度、家庭成员健康状况、是否是独生子女、家庭月收入、评估父母的财经知识共十一个变量影响大学生财经行为合理性。具体而言，女性财经行为合理性好于男性。来自城市的大学生财经行为合理性好于来自农村的大学生。可能的原因是，从小在城市长大的孩子，接触到的商品的种类的丰富性高于农村孩子，到过的消费场所多于农村孩子。也就是说，接受的消费刺激远高于农村孩子，在不可能满足所有欲望的前提下，对自己的财经行为进行有意识的规划，而农村孩子通过考大学进入城市，在大学之前的成长历程中，经历的消费场所比较少，进入城市后被各类商品和服务所诱惑，一时难以控制自己的欲望，以至于不能很好地规划自己的财经行为。随着个人成绩排名的降低，大学生财经行为合理性呈现出下降的态势。"不清楚，没算过"的大学生财经行为合理性显著低于月生活费在 800～2000 元的大学生。主要原因是，不清楚或者不计算自己每个月的生活费，其财经行为就表现出更多的随意性和无目的性的特点。相比而言，800～2000 元是 76.7% 的大学生的月生活费开支，他们在筹划自己的日常生活方面更加强调量入为出，按时支付账单，关注自己的财务状况，另外也有自己的财务目标。父亲的职业为专业技术人员或其他专业人士的大学生财经行为合理性表现突出。随着父亲的受教育程度的提高，大学生财经行为合理性随之提高；母亲的受教育程度为大学本科/大专的大学生财经行为合理性表现突出，但是大学生财经行为合理性没有呈现出随着受教育程度提高而提高的情景。可能的原因是父亲的理性思考能力随着受教育程度提高而提高，而母亲的理性思考能力却不尽然。家庭成员健康状况和评估父母的财经知识与大学生财经行为合理性呈正相关关系。独生子女家庭成长的大学生的财经行为合理性显著高于非独生子女家庭成长的大学生。随着家庭月收入的提高，大学生财经行为合理性呈现出增长的态势。

第三，关于财经限制性。40.6% 的大学生表示目前家庭对其的供养不能满足正常的生活开支，55.0% 的大学生表示家庭对其的供养水平限制了做重要事情的能力。财经限制性的均值为 3.34，大于中值 3；标准差为 0.897，小于 1，整体来看，大学生普遍反映财经限制性比较强。

成长所在地、月生活费、父亲的职业、母亲的职业、父亲的受教育程度、母亲的受教育程度、家庭成员健康状况、评估父母的财经知识、是否是独生子女、家庭月收入十个人文统计变量显著影响大学生的财经限制性。具体而言，来自农村的大学生感受到的财经限制性高于来自城市的大学生。随着月生活费的提高，大学生感受到的财经限制性呈下降的态势；父亲的职业为务农或者待业的大学生感受到的财经限制性相比父亲的职业为其他职业的大学生突出。母亲的职业为务农或者技术工人的大学生感受到的财经限制性比母亲的职业为其他职业的大学生突出。随着父亲或者母亲的受教育程度的提高，大学生感受到的财经限制性呈现下降的态势。家庭成员健康状况越好，大学生感受到的财经限制性就越低。评估的父母财经知识越高,大学生感受到的财经限制性就越低。非独生子女比独生子女感受到更高的财经限制性。随着家庭月收入的提高,大学生感受到的财经限制性呈现下降的状态。

第四,关于个人负债。69.2%的大学生没有个人负债;12.5%的大学生有明显的个人负债。个人负债在样本总体中离差比较大,说明少数同学存在过重的个人负债。

性别、年级、成长所在地、个人成绩排名、感情状态、月生活费、父亲的职业、母亲的职业、父亲的受教育程度、母亲的受教育程度、家庭成员健康状况、评估父母的财经知识、是否是独生子女和家庭月收入十四个人文统计变量显著影响个人负债。具体而言,男性的个人负债高于女性。大一学生比大二和大三学生感受到的债务水平相对较低。来自农村的大学生个人负债显著大于来自城市的大学生。随着个人成绩排名次序的降低,个人负债呈升高趋势。处于单身状态的个人负债显著低于处于恋爱和其他两种状态对应的大学生。除对生活费"不清楚,没算过"的大学生外,月生活费在800元及以下的大学生感受到更高的个人负债。父亲的职业为务农或者母亲的职业为务农的大学生感受到个人负债比较突出。随着父亲的受教育程度或者母亲的受教育程度的提高,大学生个人负债呈降低的态势。家庭成员健康状况越差,大学生的个人负债越高。评估的父母财经知识越高,大学生的个人负债越低。非独生子女的个人负债显著高于独生子女的个人负债。家庭月收入小于等于5000元的大学生拥有的个人负债显著高于家庭月收入在5000元以上各组大学生的个人负债。

第五,关于大学生的吝啬挥霍特性。数据分析显示,大学生经济上的慷慨性在吝啬挥霍特性两个极端占比都比较少,两个极端的占比比较近似。从守财奴到挥霍者十一个水平的呈现的频数显示出正态分布特性。

性别、成长所在地、专业、感情状态、月生活费、父亲的职业、母亲的职业、父亲的受教育程度、母亲的受教育程度、家庭成员健康状况、评估父母的财经知识、是否是独生子女和家庭月收入十三个人文统计变量显著影响大学生的吝啬挥霍特性。具体而言,男性在经济上的慷慨性显著高于女性。来自城市的大学生经济上的慷慨性显著高于来自农村的大学生经济上的慷慨性。哲学专业的经济上的慷慨性显著大于经济学、法学、教育学、文学、理学、工学、医学、管理学和艺术类专业的大学生关联的经济上的慷慨性。处于恋爱状态的大学生比处于单身状态的大学生在经济上更慷慨。随着月生活费的提高,大学生在经济上的慷慨性呈现增长的态势。父亲的职业或者母亲的职业为政府机关、党群组织的负责人或中高级官员的大学生经济上的慷慨性都较高。父亲的职业或者母亲的职业为务农的大学生经济上的慷慨性都较低。家庭成员健康状况越好，大学生经济上的慷慨性越高。评估的父母财经知识越高，大学生经济上的慷慨性越高。独生子女经济上的慷慨性显著高于非独生子女经济上的慷慨性。随着家庭月收入的提高，大学生经济上的慷慨性呈增长的态势。

六、财经素养各变量之间的关系

Bivariate Correlations 分析显示财经意识中的延迟满足显著正向影响客观财经知识的正确性，冲动性显著负向影响客观财经知识的正确性。由此证实了财经素养意识显著影响财经知识。同时，数据分析显示，延迟满足显著正向影响财经态度、财经满意感、金钱态度、投资风险承担意愿、债务的积极态度；延迟满足显著负向影响债务的消极态度。克制力显著正向影响财经满意感和金钱态度。冲动性显著正向影响金钱态度和债务的消极态度；冲动性显著负向影响财经态度、投资风险承担意愿和债务的积极态度。由此可见，财经意识显著影响财经态度。另外，数据分析显示，延迟满足显著正向影响财经行为合理性、持有金融产品的数量和吝啬挥霍特性；延迟满足显著负向影响个人负债。克制力显著正向影响财经行为合理性和吝啬挥霍特性。冲动性显著正向影响财经限制性、个人负债、持有金融产品的数量、吝啬挥霍特性；冲动性显著负向影响财经行为合理性。由此可见，本书证明了财经意识显著影响财经行为。

数据分析发现，客观财经知识的正确性显著正向影响预算意向、维持预算的自我效能、认知需求、广义的自我效能，由此可见，本书证实了财经知识显著正向影响财经技能。客观财经知识的正确性显著正向影响财经态度、财经满意感、金钱态度、投资风险承担意愿、债务的积极态度；客观财经知识的正确性显著负向影响债务的消极态度。由此可见，本书证实了财经知识显著影响财经态度。客观财经知识的正确性显著正向影响财经行为合理性和持有金融产品的数量；客观财经知识的正确性显著负向影响个人负债。由此可见，财经知识显著影响财经行为。

数据分析发现，预算意向显著正向影响财经满意感、金钱态度、投资风险承担意愿、债务的积极态度；预算意向显著负向影响债务的消极态度。维持预算的自我效能显著正向影响财经态度、财经满意感、金钱态度、投资风险承担意愿、债务的积极态度；维持预算的自我效能显著负向影响债务的消极态度。认知需求显著正向影响财经态度、财经满意感、金钱态度、投资风险承担意愿和债务的积极态度；认知需求显著负向影响债务的消极态度。金融信息搜索的信心显著正向影响财经满意感、金钱态度和债务消极态度；金融信息搜索的信心显著负向影响财经态度和投资风险承担意愿。长期金钱计划显著正向影响财经满意感、金钱态度、债务积极态度、债务消极态度。广义的自我效能显著正向影响财经态度、财经满意感、金钱态度、投资风险承担意愿和债务积极态度；广义的自我效能显著负向影响债务消极态度。由此可见，本书证实了财经技能显著影响财经态度。另外，数据分析发现，预算意向显著正向影响财经行为合理性和持有金融产品的数量；预算意向显著负向影响财经限制性、个人负债和吝啬挥霍特性。维持预算的自我效能显著正向影响财经行为合理性；维持预算的自我效能显著负向影响财经限制性、个人负债和吝啬挥霍特性。认知需求显著正向影响财经行为合理性；认知需求显著负向影响财经限制性、个人负债和吝啬挥霍特性。金融信息搜索的信心显著正向影响财经限制性、个人负债、持有金融产品数量和吝啬挥霍特性。长期金钱计划显著正向影响财经行为合理性、财经限制性、个人负债、持有金融产品数量、吝啬挥霍特性。广义的自我效能显著正向影响财经行为合理性、持有金融产品数量和吝啬挥霍特性；广义的自我效能显著负向影响财经限制性和个人负债。由此可见，本书证实了财经技能显著影响财经行为。

数据分析发现，财经态度显著正向影响财经行为合理性；财经态度显著负向影响财经限制性、个人负债和吝啬挥霍特性。财经满意感显著正向影响财经行为合理性和吝啬挥霍特性；财经满意感显著负向影响财经限制性和个人负债。金钱态度显著正向影响财经行为合理性、持有金融产品数量和吝啬挥霍特性；金钱态度显著负向影响金钱态度、个人负债。投资风险承担意愿显著正向影响财经行为合理性和持有金融产品数量；投资风险承担意愿显著负向影响财经限制性、个人负债和吝啬挥霍特性。债务积极态度显著正向影响财经行为合理性和持有金融产品数量；债务积极态度显著负向影响个人负债和吝啬挥霍特性。债务消极态度显著正向影响财经限制性、个人负债和吝啬挥霍特性；债务消极态度显著负向影响财经行为合理性和持有金融产品数量。由此可见，本书证实了财经态度显著影响财经行为。

第二节　管理启示

一、训练大学生的财经意识

可在大学教育系统中添加一门财经意识训练课，我们可以界定这门课为实践课程，而不是理论课程。课堂的形式可以由游戏、事件、活动、项目组成，课程重点分为三个模块，第一个模块训练大学生的延迟满足能力，让学生明白短期目标和长期目标之间的区别；明白无价值的目标与有价值的目标之间的区别；明白实现不同目标的回报的大小；明白实现不同目标需要付出的努力和时间长度；提高意志力和自我控制力，抵御不恰当的外界诱惑。第二个模块训练大学生的克制力，让学生分辨出哪些是不好的或不应有的情感、思想和行为；哪些是好的或应该有的情感、思想和行为；强制自己不去做不好的或不应有的情感、思想和行为。通过提升大学生的克制力，进而改善他们的信心、长期金钱计划、承担风险的意愿、为紧急事情存钱和信用评分。第三个模块训练大学生对冲动性的把控力。让大学生认识到冲动的危害和后果；认识到在哪些外部刺激下会产生冲动；对自己的行为进行监控，不要感情用事，要善于理性分析外部环境和各种因素，要学会保护自己，也要学会不伤害他人。

二、丰富大学生的财经知识

第一，把《大学生财经素养教育》作为一门通识课程列入大学的课程体系建设当中，重点对非经济学和非管理学专业的大学生进行普及性授课，通过规范的课堂教育传授财经知识。第二，通过校园微信公众号、学生在线社区、报刊栏、宣传栏等线上线下媒介定期宣传财经小常识、财经小故事和财经骗局，创建有意识地学习财经素养的校园文化。第三，由各个高校的商学院负责建立大学生财经素养咨询中心，中心在保护学生隐私的前提下向学生提供财经咨询免费服务。第四，建立朋辈辅导中心。可以在学生会机构下建立大学生财经素养朋辈辅导中心，成员由商学院学习财经类专业的高年级学生和对金融产品具有丰富并成功的操作经验的学生组成，免费向前来咨询的学生提供信息服务。第五，定期举办大学生财经素养大赛。通过大赛活跃财经素养校园文化，让学生认识到财经知识对自己的现在和未来都有重要的帮助。

三、提升大学生的财经技能

第一，父母应该鼓励子女参与家庭的金钱决策，尤其是多子女的家庭更应该鼓励孩子参与家庭的金钱决策。这种金钱决策可以包括父母的收入在消费和储蓄两者之间分配的比例；家庭借款和贷款的数量；购买某些重要商品的原因；投资的项目、投资的风险评估和投资回报分析等。这样，父母根据自己的经验和教训，有意识地让孩子参加家庭金钱决策活动，可以提升子女的财经素养水平。第二，大学应该采取多种教育模式鼓励大学生，尤其是多鼓励男生、来自农村的大学生、家庭贫困的大学生、母亲的职业为务农或者待业的大学生以及母亲的受教育程度低的大学生建立预算的意向和自我效能，让他们认识到预算的好处和作用，进而逐渐养成预算的习惯，避免由于消费不慎陷入财务困境。第三，大学教师在课堂上讲授专业知识，既要讲简单的知识点，也要讲难度大的知识点，深入浅出生动形象地讲授知识，鼓励大学生在课堂上踊跃发言，同时，布置一些难度大的作业让学生完成。另外，教师要旗帜鲜明地批评上课注意力不集中和开小差的大学生。对于成绩差的学生，要提高其全神贯注思考问题的兴趣，进而全面提升大学生的认知需求。第四，在《大学生财经素养教育》课堂上，教师可把财经决策项目作为堂下作业，要求学生必须完成。如购买一所住房，按照房屋的价格将住房分为五个等级，按照收入的水平也将薪资分为五个等级，建立 25 种组合，分配 25 个小组完成购买住房的财经计划，其中包含金融信息搜索和建立长期的金钱计划。学生完成作业后，教师反馈方案的评价。

四、合理引导大学生的财经态度

首先，大学教育要合理引导大学生在即时满足和延迟满足之间以及储蓄和消费之间建立合理的平衡。如果个体未来的预期收入处于稳定增长状态，个体可以适当增加即时满足和消费的金钱投入；反之则应减少。如果整体经济环境处于不稳定和整体经济形势处于衰退状态，个体应减少即时满足和消费的金钱投入；反之则可增加。针对特定的个体而言，具体问题具体对待。其次，大学教育要正确引导大学生建立正确的金钱观、投资风险意识以及债务态度。金钱是我们实现人生价值的一种表现形式，但它不是生命的全部意义。人要成为金钱的主宰者，而不要成为金钱的奴隶。同时，合理地评估项目的风险，做出合理的投资决策，在具体投资之前，既要看到可能的收益，也要看到可能的损失。另外，在收入拮据的状态下，适当的举债可以获得对较多资源的控制力，由此在未来创造更多的收益；如果未来的收益不能弥补举债的本金和利息，就是一种糟糕的举债决策。

五、规范大学生的财经行为

首先，大学生对理财类的金融产品的持有率和使用率都比较低，将来走到工作岗位，随着收入的稳定性增长，可能会涉足理财类的金融产品，因此，金融机构可以在大学生群体中介绍这些理财类产品的属性、关联的知识、投资风险和投资价值，以期将来成为这些理财类产品的客户。其次，政府和非营利性组织应该帮扶家庭困难的弱势学生，保持助学贷款的稳定性、公平性和合理性，同时，也应加大助学贷款的力度，建立人生信心，使其在大学期间能够正常完成学业。最后，大学教育应帮助大学生建立正确的债务价值观。个人负债是预期将导致经济利益流出的现时义务，它本质是预支未来的收入用于当下的消费。如果负债用于对自己最重要的事情，培养自己的能力，进而获得在未来创造收入的能力，这样的负债是有意义的；反之，负债用于不重要的事情，则增加了未来的负担。

第三节　研究局限和未来的研究方向

一、样本框的合理性

本书把积极报名参与四川省大学生财经素养大赛的在校大学生作为样本框，严肃了受访者填写问卷的态度，强化了受访者的认真和负责的精神，在一定程度上保证了数量的质量，但是，这种样本框只能框定那些对大学生财经素养大赛感兴趣的大学生，没有框定对财经素养大赛不感兴趣的同学，这样获得的受访者可能高估了大学生的财经素养。未来的研究可以从各个院校的教务处获得学生的花名册，将其作为样本框获得样本单位的遗漏程度就比较低。

二、样本的代表性

虽然获得样本单位有一定的代表性，获得的数据具有较高的质量，但是个体人文统计特征与总体之间还存在较大的偏颇，这样在一定程度上影响了我们对中国大学生总体的财经素养的推断和理解。因此，未来的研究须从全国高等院校在校大学生总体中按照分层抽样的原则，如研究者可以从高等院校的类型、性别、年级、专业、籍贯等变量出发对样本总体进行分层，确保每一个群体抽选出来的样本单位都和总体的比例相一致，由此提升样本的代表性。

三、财经素养各个变量之间的关系

本书从财经素养的内涵出发，围绕财经意识、财经知识、财经技能、财经态度和财经行为构建了 23 个主体变量，由于研究目的的使然，本项目没有按照各个变量之间的理论关系推导和发展关联的理论假设，进而也就没有求证这 23 个变量之间逻辑关系。未来的研究可以遵从实证研究规范，发展理论假设，运用数据检验这些假设是否得到支持。

参考文献

［1］Al – Bahrani A. , Buser W. , Patel D. Does Math Confidence Matter? How Student Perceptions Create Barriers to Success in Economic Courses ［J］. Journal of Economics and Finance Education, 2018, 17（1）: 61 – 77.

［2］Al – Bahrani A. , Buser W. , Patel D. Early Causes of Financial Disquiet and the Condor Gap in Financial Fiteracy: Evidence from College Students in the Southeastern United States ［J］. Journal of Family and Economic Issues, 2020, 41（3）: 558 – 571.

［3］Ali A. , Rahman M. , Bakar A. Financial Satisfaction and the Influence of Financial Literacy in Malaysia ［J］. Social Indicators Research, 2015, 120（1）: 137 – 156.

［4］Atkinson A. , Messy F. Assessing Financial Literacy in 12 countries: An OECD/INFE International Pilot Exercise ［J］. Journal of Pension Economics and Finance, 2011, 10（4）, 657 – 665.

［5］Bandura A. , Walters R. H. Social Learning Theory ［M］. New York: General Learning Press, 1977.

［6］Bandura A. , Locke, E. A. Negative Self – efficacy and Goal Effects Revisited ［J］. Journal of Applied Psychology, 2003, 88（1）: 87 – 99.

［7］Bearden W. O. , Hardesty D. M. , Rose R. L. Consumer Self – confidence: Refinements in Conceptualization and Measurement ［J］. Journal of Consumer Research, 2001, 28（1）: 121 – 134.

［8］Boisclair D. , Lusardi A. , Michaud P. Financial Literacy and Retirement Planning in Canada ［J］. Journal of Pension Economics and Finance, 2017, 16（3）: 277 – 296.

［9］Borodich S. , Deplazes S. , Kardash N. , Kovzik A. Comparative Analysis of the Levels of Financial Literacy Among Students in the U. S. , Belarus, and Japan ［J］. Journal of Economics and Economic Education Research, 2010, 11

(3): 71 –86.

[10] Bryce L. J., Jyoti, S. Financial Literacy of Young Adults: The Importance of Parental Socialization [J]. Family Relations, 2010 (59): 465 –478.

[11] Bufford R. K. Social Foundations of Thought and Action – A Social Cognitive Theory Bandura [J]. Journal of Psychology and Theology, 1986, 14 (4): 341 –342.

[12] Chen H., Ronald P. V. An Analysis of Personal Financial Literacy among College Students [J]. Financial Services Review, 1998, 7 (2): 107 – 128.

[13] Cocco J. F., Gomes F. J., Maenhout P. J. Consumption and Portfolio Choice over the Life Cycle [J]. Review of Financial Studies, 2005, 18 (2): 491 –533.

[14] Cole C. A. Consumer Socialization: A Life – cycle Perspective [J]. Journal of Consumer Affairs, 1988, 22 (1): 174.

[15] Cole S., Paulson A., Shastry G. K. High School Curriculum and Financial Outcomes: The Impact of Mandated Personal Finance and Mathematics Courses [J]. Journal of Human Resources, 2016, 51 (3): 656 –698.

[16] Conklin J. A. A Taxonomy for Learning, Teaching, and Assessing: A Revision of Bloom's Taxonomy of Educational Objectives [J]. Educational Horizons, 2005 (83): 154 –159.

[17] Crowe E., Higgins E. T. Regulatory Focus and Strategic Inclinations: Promotion and Prevention in Decision – making [J]. Organizational Behavior and Human Decision Processes, 1997, 69 (2): 117.

[18] Danns D. E. Financial Education in U. S. [M]. State Colleges and Universities: Establishing and Building Programs, 2015.

[19] Disney R., Gathergood J. Financial Literacy and Consumer Credit Portfolios [J]. Journal of Banking and Finance, 2013, 37 (7): 2246 –2254.

[20] Dolores M., Manuel S. V., José S. C. Factors that Influence the Level of Financial Literacy among Young People: The Role of Parental Engagement and Students' Experiences with Money Matters [J]. Children & Youth Services Review (Child Youth Serv Rev), 2018 (95): 334 –351.

[21] Doug W., Kim H. Financial Literacy and Its Role in Promoting a Sound Financial System [J]. Reserve Bank of New Zealand Bulletin, 2007 (70).

[22] Doyle K. O. Toward a Psychology of Money [J]. American Behavioral Scientist, 1992, 35 (6): 708.

[23] Duffield J. Financial Literacy: Implications for Retirement Security and the Financial Marketplace [J]. Journal of Pension Economics & Finance, 2013, 12 (1): 139 – 141.

[24] Ergün, Kutlu N. Financial Literacy among University Students: A Study in Eight European Countries [J]. International Journal of Consumer Studies, 2018 (42): 2 – 15.

[25] Erner C., Goedde – Menke M., Oberste M. Financial Literacy of High School Students: Evidence from Germany [J]. Journal of Economic Education, 2016 (47): 95 – 105.

[26] Fernandes D., Lynch J. G., Netemeyer R. G. Financial Literacy, Financial Education, and Downstream Financial Behaviors [J]. Management Science, 2014, 60 (8): 1861 – 1883.

[27] Florack A., Keller J, Palcu, J. Regulatory Focus in Economic Contexts [J]. Journal of Economic Psychology, 2013 (38): 127 – 137.

[28] Fonseca R., Mullen K., Zamarro G., Zissimopoulos J. The Financial Literacy of Young American adults Washingtong [M]. National Institute of Public Health, 2012.

[29] Forman N. Mind over Money [M]. Toronto: Doubleday, 1987.

[30] Förster J., Higgins E. T. How Global Versus Local Perception Fits Regulatory Focus [J]. Psychological Science, 2005, 16 (8): 631 – 636.

[31] Friedline T. L., Elliott W., Nam I. Predicting Savings from Adolescence to Young Adulthood: A Propensity Score Approach [J]. Journal of the Society for Social Work and Research, 2011, 2 (1): 1 – 21.

[32] Gerardi K., Goette L., Meier S. Financial Literacy and Subprime Mortgage Delinquency: Evidence from a Survey Matched to Administrative Data [R]. Working Paper, Federal Reserve Bank of Atlanta, 2010.

[33] George P. M. Consumer Socialization: A Theoretical and Empirical Analysis [J]. Journal of Marketing Research, 1978, 15 (4): 599 – 609.

[34] Gill D., Prowse V. Cognitive Ability, Character Skills, and Learning to Play Equilibrium: A Level – k Analysis [J]. Journal of Political Economy, 2016, 124 (6): 1619 – 1676.

[35] Harrison N. , Chudry F. , Waller R. , Hatt S. Towards a Typology of Debt Attitudes Among Contemporary Young UK Undergraduates [J] . Journal of Further and Higher Education, 2015, 39 (1): 85 – 107.

[36] Hilgert M. A. , Hogarth J. M. , Beverly S. G. Household Financial Management: The Connection between Knowledge and Behavior [J] . Federal Reserve Bulletin, 2003, 89 (7): 309 – 322.

[37] Huston S. J. Measuring Financial Literacy [J] . Journal of Consumer Affairs, 2010, 44 (2): 296 – 316.

[38] Hung A. , Parker A. , Yoong J. Defining and Measuring Financial Literacy [R] . RAND Working Paper, 2009.

[39] Ismail B. D. Factors Affecting College Students' Multidimensional Financial Literacy in the Middle East [R] . International Review of Economics Education, 2009.

[40] Kimball M. , Shumway T. Investor Sophistication, and the Participation, Home Bias, Diversification, and Employer Stock Puzzles. Unpublished Manuscript [D] . University of Michigan: Ann Arbor, 2006.

[41] Krische S. D. Investment Experience, Financial Literacy, and Investment – Related Judgments [J] . Contemporary Accounting Research, 2018, 36 (3): 1634 – 1668.

[42] Kuntze R. , Wu C. , Wooldridge B. R. , Whang Y. Improving Financial Literacy in College of Business Students: Modernizing Delivery Tools [J] . International Journal of Bank Marketing, 2019, 37 (4): 976 – 990.

[43] Jorgensen B. L. Financial Literacy of College Ctudents: Parental and Peer Influences [R] . Virginia Tech, 2018.

[44] Lemrová S. , Reiterová E. , Fatěnová R. , Lemr K. , Tang T. L. Money is Power: Monetary Intelligence—Love of Money and Temptation of Materialism among Czech University students [J] . Journal of Business Ethics, 2014, 125 (2): 329 – 348.

[45] Lusardi A. , Mitchell O. S. Financial Literacy and Planning: Implications for Retirement Wellbeing [R] . Michigan Retirement Research Center Research Paper No. WP, 2005: 108.

[46] Lusardi A. , Mitchell O. S. Baby Boomer Retirement Security: The Roles of Planning, Financial Literacy, and Housing Wealth [J] . Journal of Mone-

tary Economics, 2007, 54 (1): 205 – 224.

[47] Lusardi A., Mitchell O. S. The Economic Importance of Financial Literacy: Theory and Evidence [J]. Journal of Economic Literature, 2013, 52 (1): 5 – 44.

[48] Lusardi A., Mitchelli O. Financial Literacy and Retirement Preparedness: Evidence and Implications for Financial Education [J]. Business Economics, 2017, 42 (1): 35 – 44.

[49] Lusardi A., Tufano P. Debt Literacy, Financial Experiences, and Over Indebtedness [R]. Dartmouth Working Paper, 2008.

[50] Marcolin S., Abraham A. Financial Literacy Research: An Overview of Current Literature and Future Opportunities [R]. International Conference on Contemporary Business, 2018.

[51] Madrian B. C., Shea D. F. The Power of Suggestion: Inertia in 401 (k) Participation and Savings Behavior [J]. SSRN Electronic Journal, 2000, 116 (4): 297 – 310.

[52] Marie J. L., Nadia C. College Students' Consumer Competence: A Qualitative Exploration [J]. International Journal of Consumer Studies, 2004, 28 (5): 433.

[53] Margaret S. S., Lissa J., Baorong G., William E. Financial Capability in Children: Effects of Participation in a School – based Financial Education and Savings Program [J]. Journal of Family and Economic Issues, 2011, 32 (3): 385 – 399.

[54] Martin C. A., Bush A. J. Do Role Models Influence Teenagers' Purchase Intentions and Behavior? [J]. Journal of Consumer Marketing, 2017, (17): 441.

[55] Michael H., Thomas J., Yigitcan K., Lauren C. Financial Literacy Externalities [J]. Review of Financial Studies, 2020, 33 (2): 950 – 989.

[56] Michal G. W., Jonathan S., Yeong H. Y., Andréa T., Elizabeth B. F. Parental Transfer of Financial Knowledge and Later Credit Outcomes Among Low – and Moderate – income Homeowners [J]. Children and Youth Services Review, 2011, 33 (1): 78 – 85.

[57] Mitchell O. S., Lusardi A. Financial Literacy and Retirement Planning in the United States [J]. Journal of Pension Economics and Finance, 2011, 10

(4): 509 -525.

[58] Montalto C. P. , Phillips E. L. , McDaniel A. , Baker A. R. College Student Financial Wellness: Student Loans and Beyond [J] . Journal of Family & Economic Issues, 2019, 40 (1): 3 -21.

[59] Muñoz – Murillo M. , álvarez – Franco P. , Restrepo – Tobón D. The Role of Cognitive Abilities on Financial Literacy: New Experimental Evidence [J] . Journal of Behavioral and Experimental Economics, 2019 (84): 101 -182.

[60] Mottola G. In our Best Interest: Women, Financial Literacy, and Credit Card Behavior [R] . Numeracy, 2013.

[61] Improving Financial Literacy: Analysis of Issues and Policies [R] . Paris: OECD, 2005.

[62] PISA 2009 Framework: Key Competencies in Reading, Mathematics and Science [R] . Paris: OECD, 2010.

[63] Science, Problem Solving and Financial Literacy [R] . Paris: OECD, 2013.

[64] PISA Assessment and Analytical Framework: Mathematics [R] . Reading, 2012.

[65] Science, Problem Solving and Financial Literacy [R] . Paris: OECD, 2013.

[66] Otto A. Saving in childhood and Adolescence: Insights from Developmental Psychology [J] . Economics of Education Review, 2013 (33): 8 -18.

[67] Sadowski C. J. , Cogburn H. E. Need for Cognition in the Big – five Factor Structure [J] . The Journal of Psychology, 1997, 131 (3): 307 -312.

[68] Schmeiser M. D. , Seligman J. S. Using the Right Yardstick: Assessing Financial Literacy Measures by Way of Financial Well – being [J] . Journal of Consumer Affairs, 2013, 47 (2): 243 -262.

[69] Sharon T. , Chau N. State Curriculum Mandates and Student Knowledge of Personal Finance [J] . Journal of Consumer Affairs, 2001, 35 (2): 241 -262.

[70] Skagerlund K. , Lind, T. Financial Literacy and the Role of Numeracy – How Individuals' Attitude and Affinity with Numbers Influence Financial Literacy [J] . Journal of Behavioral and Experimental Economics, 2018 (74): 18 -25.

[71] Strömbäck C. , Lind T. , Skagerlund K. , Västfjäll D. , Tinghög G.

Does Self – control Predict Financial Behavior and Financial Well – being？ ［J］. Journal of Behavioral and Experimental Finance，2017（14）：30 – 38.

［72］Susan K.，Alexandra M. The Impact of Financial Literacy on Negotiation Behavior ［J］. Journal of Behavioral and Experimental Economics，2020（87）：101 – 145.

［73］Tahira K. H. Financial Attitudes，Beliefs，and Behaviours：Differences by Age ［J］. Journal of Consumer Studies and Home Economics，1997（21）：271 – 290.

［74］Van Rooij M.，Lusardi A.，Alessie R. Financial Literacy and Retirement Planning in the Netherlands ［J］. Journal of Economic Psychology，2001，32（4）：593 – 608.

［75］Van Rooij M.，Lusardi A.，Alessie R. Financial Literacy and Stock Market Participation ［J］. Journal of Financial Economics，2011，101（2）：449 – 472.

［76］Walstad W. B.，Rebeck K.，Macdonlad R. The Effects of Financial Education on the Financial Knowledge of High school Students ［J］. Journal of Consumer Affairs，2010，44（2）：336 – 357.

［77］Worthington A. C. Predicting Financial Literacy in Australia ［J］. Financial Services Review，2006（15）：59 – 79.

［78］Yoshihiko K. What Makes People Anxious About Life after the Age of 65？Evidence from International Survey Research in Japan，the United States，China，and India ［J］. Review of Economics of the Household，2016，14（2）：443 – 461.

附　录

附录1

在校大学生财经素养调查问卷

尊敬的朋友：

　　您好！

　　我们是四川大学财经素养课题研究小组，耽误您二十分钟，麻烦您帮我们填一份问卷，您须根据自己的真实理解和切实感受认真填写。我们将对问卷涉及的个人隐私承担严格保密的责任和义务，回收回来的数据仅用于学术研究，不从事商业活动。对您的奉献，我们将万分感谢！

　　此致

敬礼！

四川大学财经素养课题研究小组

2020 年 10 月 30 日

第一部分　基本信息

1. 您的性别：

（1）男　　（2）女

2. 您的年龄是（请填写具体数字）：＿＿＿＿＿＿＿

3. 您的民族：

（1）汉族　　（2）少数民族

4. 您所在的学校名称（请填写具体的学校名称）：＿＿＿＿＿＿＿

5. 您目前所在年级是：

（1）大一　　（2）大二　　（3）大三　　（4）大四

6. 您的成长所在地属于：

（1）农村　　（2）城市

7. 您的籍贯为（请填写具体的省、直辖市或自治区）：_____

8. 您的专业类别是：

（1）哲学　　（2）经济学　　（3）法学　　（4）教育学　　（5）文学

（6）历史学　　（7）理学　　（8）工学　　（9）农学　　（10）医学

（11）管理学　　（12）艺术类

9. 最近一次成绩排名：

（1）前10%　　（2）11%～20%　　（3）21%～50%　　（4）51%～100%

10. 您的感情状态为：

（1）单身　　（2）恋爱　　（3）其他

11 您每月的生活费用（包括可支配零用钱）为：

（1）≤800元　　（2）800元＜x≤2000元　　（3）2000元以上

（4）不清楚，没算过

12. 您父亲的职业为：

（1）政府机关、党群组织的负责人或中高级官员

（2）企事业单位的管理人员

（3）专业技术人员或其他专业人士

（4）技术工人

（5）政府或企事业单位的普通员工

（6）个体户

（7）自由职业者（泛指自由作家、动画师、程序员、配音师等自由工作的脑力劳动者）

（8）务农

（9）其他职业

（10）待业

13. 您母亲的职业为：

（1）政府机关、党群组织的负责人或中高级官员

（2）企事业单位的管理人员

（3）专业技术人员或其他专业人士

（4）技术工人

（5）政府或企事业单位的普通员工

（6）个体户

（7）自由职业者（泛指自由作家、动画师、程序员、配音师等自由工作

的脑力劳动者）

 （8）务农

 （9）其他职业

 （10）待业

14. 您父亲的受教育程度：

（1）初中及以下　（2）高中/中专/技校　（3）大学本科/大专

（4）硕士及以上

15. 您母亲的受教育程度：

（1）初中及以下　（2）高中/中专/技校　（3）大学本科/大专

（4）硕士及以上

16. 家庭成员的健康状况：

（1）很差　（2）较差　（3）一般　（4）良好

17. 您是否是独生子女：

（1）是　（2）否

18. 您的家庭月收入是：

（1）≤5000 元　（2）5000 元 < x ≤10000 元　（3）10000 元 < x ≤20000 元

（4）20000 元以上

19. 您认为您的父母对其财务状况的了解程度为（请选择负责或主要负责财经决策的父母）：（1 = 非常低；4 = 一般；7 = 非常高）

1 2 3 4 5 6 7

第二部分 主体调查

1. 您持有过或目前持有以下哪些金融产品？（多选）

（1）银行贷款　（2）储蓄账户　（3）信用卡（或花呗）

（4）基金（如余额宝或理财通等）　（5）股票和股份　（6）保险

（7）外汇　（8）期货（如黄金等）　（9）债券　（10）其他

2. 您周围有哪些人现在或过去半年内购买过金融产品？

（1）老师　（2）同学　（3）家人或亲戚　（4）朋友　（5）不知道

3. 您受到了多少与经济学/金融学相关的教育？

（1）一点都没有　（2）很少　（3）一些　（4）很多

4. 您获取财经知识的途径是（多选）？

（1）财经新闻　（2）报刊　（3）有关书籍　（4）他人提及

（5）学校教育（或机构培训）　（6）社交媒体　（7）其他

5. 每周您学习财经知识所花的时间为：

（1）不花费任何时间 　（2）不超过 1 小时 　（3）1 小时 < t ≤ 2 小时

（4）2 小时以上

6. 您在日常活动（工作，爱好）中需要多少经济学/金融类知识？

（1）一点都没有 　（2）很少 　（3）一些 　（4）很多

7. 现在想象一下，您必须等待一年才能获得 1000 元，通货膨胀率保持在 5%。一年后您可以购买：

（1）比 1000 元多 　（2）正好 1000 元 　（3）比 1000 元少

（4）这取决于我想要购买的东西的种类 　（5）不知道 　（6）拒绝作答

8. 假设您将 100 元存入储蓄账户，每年保证利率为 2%。第一年结束时账户中会有多少钱？

（1）102 元 　（2）120 元 　（3）不知道 　（4）拒绝作答

9. 现在借给同学 500 元，三个月后同学还给您 500 元，假定银行的年贷款利率为 4.35%，他为此支付了多少利息？

（1）5.4375 　（2）21.75 　（3）0 　（4）不知道 　（5）拒绝作答

10. 假设您在银行存 1000 元，年利率为 2%，五年末账户余额是多少？

（1）超过 1100 元 　（2）正好 1100 元 　（3）少于 1100 元

（4）从既定的信息无法判断

11. 高回报的投资可能是高风险的。

（1）正确 　（2）错误 　（3）不知道 　（4）拒绝作答

12. 高通货膨胀意味着生活成本迅速增加。

（1）正确 　（2）错误 　（3）不知道 　（4）拒绝作答

13. 通常，可以通过购买各种股票来降低投资股票市场的风险。

（1）正确 　（2）错误 　（3）不知道 　（4）拒绝作答

14. 选择 15 年而不是 30 年的抵押贷款可以节省利息成本。

（1）正确 　（2）错误 　（3）不知道 　（4）拒绝作答

15. 分散化投资能降低风险吗？

（1）是 　（2）否 　（3）不知道

16. 如果利率下降了，您认为债券的价格将会：

（1）下降 　（2）上升 　（3）不知道

17. 银行的营业网点人民币兑美元的外汇报价显示为：6.3215 ~ 6.3220 元/美元。您认为哪个数字指的是美元的买入价？

（1）6.3215 　（2）6.3220 　（3）不知道

18. 考虑到很长一段时间（如 10 年或 20 年），哪种资产通常会获得最高的回报？

（1）储蓄账户 （2）债券 （3）股票 （4）不知道 （5）拒绝作答

19. 通常情况下，哪种资产显示出最大的收益波动？

（1）储蓄账户 （2）债券 （3）股票 （4）不知道 （5）拒绝作答

20. 债券通常比股票更具风险。

（1）是 （2）不是 （3）不知道 （4）拒绝作答

21. 假设您的朋友今天继承了 10 万元，而他的兄弟将在 3 年之后才继承 10 万元。谁会因为这笔遗产而变得更加有钱？

（1）我的朋友 （2）朋友的兄弟 （3）不知道 （4）拒绝作答

22. 股票共同基金结合了许多投资者的钱来购买各种股票。

（1）正确 （2）错误 （3）不知道 （4）拒绝回答

23. 您将如何评估自己对于财经知识的理解（1 表示非常低，7 表示非常高）？

1　　　　2　　　　3　　　　4　　　　5　　　　6　　　　7

题项 24 ~ 33、35 ~ 39 的答项中数字的含义：1 = 完全同意；5 = 完全不同意

24. 我倾向于"今朝有酒今朝醉"而不去考虑明天。

1　　　　2　　　　3　　　　4　　　　5

25. 我发现花钱比长期保存更令人满意。

1　　　　2　　　　3　　　　4　　　　5

26. 在买东西之前，我会仔细考虑能否负担得起。

1　　　　2　　　　3　　　　4　　　　5

27. 我按时支付账单。

1　　　　2　　　　3　　　　4　　　　5

28. 我会密切关注自己的财务事宜。

1　　　　2　　　　3　　　　4　　　　5

29. 我制定了长期财务目标并努力实现这些目标。

1　　　　2　　　　3　　　　4　　　　5

30. 我会担心正常的生活费用的支出。

1　　　　2　　　　3　　　　4　　　　5

31. 我的经济状况限制了我做对很重要的事情的能力。

1　　　　2　　　　3　　　　4　　　　5

32. 我现在有太多的债务。

1　　　　2　　　　3　　　　4　　　　5

33. 我对目前的财务状况感到满意。

1　　　　2　　　　3　　　　4　　　　5

34. 过去三个月，您做财务预算的频率如何？

（1）从不　（2）偶尔　（3）一般　（4）经常　（5）总是使用预算

35. 我计划使用财务预算。

1　　　　2　　　　3　　　　4　　　　5

36. 我打算保持财务预算。

1　　　　2　　　　3　　　　4　　　　5

37. 对我重要的人多数人都认为我需要做预算。

1　　　　2　　　　3　　　　4　　　　5

38. 我相信我有能力维持预算。

1　　　　2　　　　3　　　　4　　　　5

39. 如果完全由我自己决定，我对自己能维持预算很有信心。

1　　　　2　　　　3　　　　4　　　　5

40. 当家里给您的日常生活费不足以支付下个月的消费时，您会怎么做（单选）？

（1）减少支出　（2）出售我拥有的东西　（3）打些零工赚钱

（4）向父母要　（5）向同学借款　（6）网络借贷　（7）不知道

41. 您会参与到自己家庭中有关金钱的决策吗？

（1）不会　（2）会

42. 以下数字以及对应括号中的字哪个描述更适合您？

（1）守财奴　（2）特别吝啬　（3）非常吝啬　（4）吝啬

（5）有点吝啬　（6）适中　（7）有点大方　（8）大方

（9）非常大方　（10）特别大方　（11）挥霍者

题项 43～76 的答项中数字的含义：1 = 非常不同意；6 = 非常同意

43. 我定期为将来留出资金。

1　　　　2　　　　3　　　　4　　　　5　　　　6

44. 我有记账的习惯。

1　　　　2　　　　3　　　　4　　　　5　　　　6

45. 我遵循仔细的财务预算。

1　　　　2　　　　3　　　　4　　　　5　　　　6

46. 我精打细算。

1   2   3   4   5   6

47. 我不想做很多思考（反向编码）。

1   2   3   4   5   6

48. 我尽量避免需要深入思考某些内容的情况（反向编码）。

1   2   3   4   5   6

49. 苦苦思索很长时间，使我几乎没有满足感（反向编码）。

1   2   3   4   5   6

50. 我有能力识别良好的金融投资。

1   2   3   4   5   6

51. 我知道要寻找什么投资才能获得最大的收益。

1   2   3   4   5   6

52. 我知道制定金融投资决策时应该问的正确问题。

1   2   3   4   5   6

53. 我具备进行健全的金融投资所需的技能。

1   2   3   4   5   6

54. 我知道正确的资源可以进行咨询以做出明智的财经决策。

1   2   3   4   5   6

55. 我设定了未来 1~2 年要用我的钱实现的财务目标。

1   2   3   4   5   6

56. 我事先决定未来 1~2 年如何使用我的钱。

1   2   3   4   5   6

57. 我会积极考虑在接下来的 1~2 年中需要采取哪些措施来保持预算。

1   2   3   4   5   6

58. 我会查看预算，看看接下来的 1~2 年我还剩下多少钱。

1   2   3   4   5   6

59. 我希望查看未来 1~2 年的预算，以便更好地了解未来的支出。

1   2   3   4   5   6

60. 在接下来的 1~2 年中计划财务状况会让我感觉更好。

1   2   3   4   5   6

61. 我将能够实现为自己设定的大多数目标。

1   2   3   4   5   6

62. 面对艰巨的任务时，我相信自己会完成。

1　　　　2　　　　3　　　　4　　　　5　　　　6

63. 总的来说，我认为我可以获得对我很重要的结果。

1　　　　2　　　　3　　　　4　　　　5　　　　6

64. 我相信，只要有决心，任何努力都可以成功。

1　　　　2　　　　3　　　　4　　　　5　　　　6

65. 我能够成功克服许多挑战。

1　　　　2　　　　3　　　　4　　　　5　　　　6

66. 我一直尝试吃健康的食物，因为从长远来看，它会有所回报。

1　　　　2　　　　3　　　　4　　　　5　　　　6

67. 我尝试考虑我的行为将长期影响其他人。

1　　　　2　　　　3　　　　4　　　　5　　　　6

68. 我试图明智地花钱。

1　　　　2　　　　3　　　　4　　　　5　　　　6

69. 我一直觉得自己的辛勤工作最终会得到回报。

1　　　　2　　　　3　　　　4　　　　5　　　　6

70. 为了达成目标，我放弃了身体上的愉悦或舒适。

1　　　　2　　　　3　　　　4　　　　5　　　　6

71. 我善于抵抗诱惑。

1　　　　2　　　　3　　　　4　　　　5　　　　6

72. 人们会说我有钢铁般的意志力。

1　　　　2　　　　3　　　　4　　　　5　　　　6

73. 我会做某些对我不利的事情，如果它们很有趣。

1　　　　2　　　　3　　　　4　　　　5　　　　6

74. 有时开心和快乐也会使我无法完成工作。

1　　　　2　　　　3　　　　4　　　　5　　　　6

75. 有时候，即使知道这是错误的，我也无法阻止自己做某事。

1　　　　2　　　　3　　　　4　　　　5　　　　6

76. 我经常不考虑所有选择就采取行动。

1　　　　2　　　　3　　　　4　　　　5　　　　6

77. 在进行投资时，您愿意承担的风险如何？

（1）不愿意承担任何投资风险

（2）只能承担较低风险而选择接受较低回报

（3）只能承担平均风险而选择接受平均回报

（4）为得到较高回报而承担较高风险（5）为得到高回报而承担高风险

题项78~81的答项中数字的含义：1=非常不可能；5=很有可能

78. 将年收入的10%投资于中等增长程度的共同基金。

1   2   3   4   5

79. 将年收入的5%投资于投机性很强的股票。

1   2   3   4   5

80. 将年收入的5%投资于保守型股票。

1   2   3   4   5

81. 将年收入的10%投资于政府债券（国库券）。

1   2   3   4   5

题项82~97的答项中数字的含义：1=完全不同意；5=完全同意

82. 我希望读完大学之后能赚更多的钱，因为我上过大学。

1   2   3   4   5

83. 教育贷款是对未来的良好投资。

1   2   3   4   5

84. 如果我有学位，我更有可能找到工作。

1   2   3   4   5

85. 我十分清楚我要承担多少学生贷款债务。

1   2   3   4   5

86. 离开大学并找到工作后，我将开始处理学生的债务。

1   2   3   4   5

87. 我觉得我对学生贷款的运作方式有很好的了解。

1   2   3   4   5

88. 我知道学生贷款的还款条件。

1   2   3   4   5

89. 我很清楚自己有多少信用卡和透支多少债务。

1   2   3   4   5

90. 学生债务的最佳用途是偿还我的大学费用。

1   2   3   4   5

91. 我担心我的债务将无法偿还。

1   2   3   4   5

92. 我用债务来支付良好的社交生活。

1   2   3   4   5

93. 我作为学生所欠的债务对我的工作生活是一个不公平的开始。

1 2 3 4 5

94. 我用债务来支付奢侈品。

1 2 3 4 5

95. 有时我无法入睡，因为我担心自己欠下的债务。

1 2 3 4 5

96. 我担心债务会影响我的成绩。

1 2 3 4 5

97. 我因为学生贷款而感到孤立。

1 2 3 4 5

附录 2

21 个变量的相关系数矩阵

变量	1	2	3	4	5	6	7	8	9	10	11	12	13	14	15	16	17	18	19	20	21
延迟满足	1	0.581**	0.234**	0.090**	0.131**	0.217**	-0.110**	0.408**	0.485**	0.709**	0.073**	0.132**	0.441**	0.095**	0.152**	-0.157**	0.192**	-0.027	-0.084**	0.078**	0.192**
克制力	0.581**	1	0.183**	-0.008	0.046*	0.123**	-0.175**	0.441**	0.460**	0.569**	-0.010	0.141**	0.398**	-0.022	0.036	-0.017	0.089**	0.001	-0.013	0.023	0.155**
冲动性	0.224**	0.183**	1	-0.072**	-0.139**	-0.165**	-0.443**	0.273**	0.208**	0.169**	-0.213**	-0.015	0.103**	-0.150**	-0.097**	0.223**	-0.132**	0.179**	0.179**	0.052*	0.300**
客观财经知识正确性	0.090**	-0.008	-0.072**	1	0.200**	0.228**	0.196**	-0.040	-0.018	0.106**	0.071**	0.069**	0.057**	0.279**	0.228**	-0.265**	0.364**	0.013	-0.246**	0.137**	-0.019
预算意向	0.131**	0.046*	-0.139**	0.200**	1	0.654**	0.231**	-0.054**	0.059**	0.145**	0.223**	0.060**	0.195**	0.351**	0.417**	-0.161**	0.231**	-0.061**	-0.226**	0.083**	-0.052
维持预算的自我效能	0.217**	0.123**	-0.165**	0.228**	0.654**	1	0.262**	-0.027	0.092**	0.230**	0.252**	0.097**	0.225**	0.351**	0.423**	-0.217**	0.253**	-0.141**	-0.285**	0.040	-0.101**
认知需求	-0.110**	-0.175**	-0.443**	0.196**	0.231**	0.262**	1	-0.384**	-0.283**	-0.044**	0.288**	0.008	-0.071**	0.258**	0.194**	-0.321**	0.232**	-0.164**	-0.277**	0.037	-0.294**
金融信息搜索的信心	0.408**	0.441**	0.273**	-0.040	-0.054*	-0.027	-0.384**	1	0.689**	0.440**	-0.136**	0.120**	0.374**	-0.081**	-0.008	0.159**	0.011	0.055**	0.131**	0.073**	0.295**
长期金钱计划	0.485**	0.460**	0.208**	-0.018	0.059**	0.092**	-0.283**	0.689**	1	0.496**	-0.041	0.120**	0.468**	-0.013	0.074**	0.055**	0.081**	0.057**	0.088**	0.080**	0.170**
广义的自我效能	0.709**	0.569**	0.169**	0.106**	0.145**	0.230**	-0.044*	0.440**	0.496**	1	0.052*	0.148**	0.386**	0.137**	0.163**	-0.193**	0.177**	-0.077**	-0.107**	0.088**	0.228**
财经态度	0.073**	-0.010	-0.213**	0.071**	0.223**	0.252**	0.288**	-0.136**	-0.041	0.052*	1	-0.054*	0.117**	0.246**	0.211**	-0.231**	0.128**	-0.162**	-0.294**	0.009	-0.229**
财经满意感	0.132**	0.141**	-0.015	0.069**	0.060**	0.097**	0.008	0.120**	0.103**	0.148**	-0.054*	1	0.150**	-0.049**	0.014	-0.124**	0.235**	-0.117**	-0.136**	-0.015	0.043*

续表

变量	1	2	3	4	5	6	7	8	9	10	11	12	13	14	15	16	17	18	19	20	21
金钱态度	0.441**	0.398**	0.103**	0.057*	0.195**	0.225**	-0.071**	0.374**	0.468**	0.386**	0.117**	0.150**	1	0.058**	0.108**	-0.060**	0.228**	0.016	-0.063**	0.050*	0.089**
投资风险承担意愿	0.095**	-0.022	-0.150**	0.279**	0.351**	0.351**	0.258**	-0.081**	-0.013	0.137**	0.246**	-0.049*	0.058**	1	0.345**	-0.232**	0.150**	-0.134**	-0.259**	0.126**	-0.075*
债务积极态度	0.152**	0.036	-0.097**	0.228**	0.417**	0.423**	0.194**	-0.008	0.074**	0.163**	0.211**	0.014	0.108**	0.345**	1	0.034	0.184**	-0.002	-0.135**	0.101**	-0.049*
债务消极态度	-0.157**	-0.017	0.223**	-0.265**	-0.161**	-0.217**	-0.321**	0.159**	0.055**	-0.193**	-0.231**	-0.124**	-0.060**	-0.232**	0.034	1	-0.333**	0.173**	0.375**	-0.053*	0.099**
财经行为合理性	0.192**	0.089**	-0.132**	0.364**	0.231**	0.253**	0.232**	0.011	0.081**	0.177**	0.128**	0.235**	0.228**	0.150**	0.184**	-0.333**	1	0.128**	-0.292**	0.092**	-0.108**
财经限制性	-0.027	0.001	0.179**	0.013	-0.061*	-0.141**	-0.164**	0.055*	0.057**	-0.077**	-0.162**	-0.117**	0.016	-0.134**	-0.002	0.173**	0.128**	1	0.288**	0.017	0.010
个人负债	-0.084**	-0.013	0.179**	-0.246**	-0.226**	-0.285**	-0.277**	0.131**	0.088**	-0.107**	-0.294**	-0.136**	-0.063**	-0.259**	-0.135**	0.375**	-0.292**	0.288**	1	0.041	0.146**
持有金融产品数量	0.078*	0.023	0.052*	0.137**	0.083**	0.040	0.037	0.073*	0.080**	0.088**	0.009	-0.015	0.050*	0.126**	0.101**	-0.053*	0.092**	0.017	0.041	1	0.073
客观财富特性	0.192**	0.155**	0.300**	-0.019	-0.052*	-0.101**	-0.294**	0.295**	0.170**	0.228**	-0.229**	0.043*	0.089**	-0.075*	-0.049*	0.099**	-0.108**	0.010	0.146**	0.073**	1

注：*、** 分别表示在 5%、1% 水平上显著。